U0120556

汉字文化思想传承丛书

汉字中的礼法观念

刘志基◎著

华东师范大学出版社
·上海·

图书在版编目（CIP）数据

汉字中的礼法观念 / 刘志基著 . -- 上海：华东师范大学出版社 , 2024. --（汉字文化思想传承丛书）.
ISBN 978-7-5760-5181-0

Ⅰ . H12
中国国家版本馆 CIP 数据核字第 20242FN185 号

汉字文化思想传承丛书

汉字中的礼法观念

著　　者　刘志基
策划编辑　王　焰
责任编辑　朱华华
特约审读　蔡添阳
责任校对　李琳琳
装帧设计　卢晓红

出版发行　华东师范大学出版社
社　　址　上海市中山北路 3663 号　邮编　200062
网　　址　www.ecnupress.com.cn
电　　话　021-60821666　行政传真　021-62572105
客服电话　021-62865537　门市（邮购）电话　021-62869887
地　　址　上海市中山北路 3663 号华东师范大学校内先锋路口
网　　店　http://hdsdcbs.tmall.com

印 刷 者　上海中华商务联合印刷有限公司
开　　本　889 毫米 ×1194 毫米　1/32
印　　张　5.625
字　　数　115 千字
版　　次　2024 年 9 月第 1 版
印　　次　2024 年 9 月第 1 次
书　　号　ISBN 978-7-5760-5181-0
定　　价　79.80 元

出 版 人　王　焰

（如发现本版图书有印订质量问题，请寄回本社客服中心调换或电话 021-
62865537 联系）

一、汉字认知结构：深层与表层

汉字认知结构有表层与深层之分。不妨先以观察"斋"字结构演变链条为例：

金文　　　　战国楚简　　　秦诅楚文　　西汉居延新简

东汉肥致碑　东汉淮源庙碑　北魏元悋嫔墓志　唐李瑱墓志

从周代金文到汉代简牍石刻文字，反映了较长时期内存在的一种观念，即祭典过程中讲究身心虔敬，祭献品整洁；作为体现形式的"斋"字作形声结构：从示，齐省声，齐兼表义，"齐"即整齐，类比古人祭祀或举行典礼前整洁身心，以示虔敬。同一时期，"齐"的观念，还涉及祭献品的规定，可以参

1

考战国楚简的相关记录。[①] 古人在祭祀或举行其他典礼前清心寡欲，净身洁食，以示庄敬其事。这种观念，诉诸文字体现出来的，属于形式的，即表层的结构，相对应的观念形态单位，则属于深层结构。深层结构的演变发展，又往往引起表层结构的调整。即如“斋”例，到一定阶段又发展出“心斋”，即去除杂念，使心神纯一的观念。讲究平时不饮酒、不茹荤等庄敬戒持，甚至特定时间内干脆不吃东西，即“吃斋”“吃素”等规定。佛学东渐传播，佛制比丘过午不食，因以午前、午中之食为斋，按小乘戒律，只禁过午食，而不禁食净肉，后人据大乘别意，以素食为斋。于是，我们从字符系列中看到，唐代刻石又将“斋”改造为由“米”符合成的结构；字符集里还贮存了粂、齍这样的结构，表征的同样是某些特定时间里，对饮食的约束或干脆禁食。观念形态的深层结构变化了，文字表层结构往往也会进行相应调整。

数千年来，汉字创造使用的历史没有中断，这在世界各类文字体系中是独一无二的。在很大程度上，这取决于汉字认知结构的深层与表层关系。汉字体系作为文化思想资源，历史悠久，层次丰富，领域广泛。其他各类文化价值体系核心范畴，鲜有如此深厚、纯粹、鲜明者。

专业工作者调查研究表明，汉字结构方式，体现着中国

① 上海博物馆藏《战国楚竹书》第一册《孔子诗论》，第九简有“巽寡惪古”，可解释为“具食精洁、合乎古礼”。（臧克和：《简帛与学术》，郑州：大象出版社，2010 年，第 81—82 页）《说文》：“斋，戒，洁也。从示，齐省声。”《玉篇》：“斋，《周易》曰：圣人以此斋戒。韩康伯曰：洗心曰斋，防患曰戒。又敬也。”

古代人的类比认知模式；类比认知观念意识，即汉字构造的深层结构。基于上述观点，借助汉字结构演变发展链条，可以到达汉字认知的深层结构。通过对汉字深层结构的挖掘，寻绎恢复汉字观念发展史的线索，从而传承民族文化精神特质的价值观念。较之古籍文献整理的基础工作，这类汉字深层结构关联的构建，相当于培育汉字文化内在精神传承的新型载体。

二、汉字学术传统：义理与考据

中国学术层级，分为义理、辞章、考据，以汉字文化思想为核心而形成了一个辉煌的学术传统：义理考据，融会贯通。这个会通，就是经由文字音韵训诂的考据而实现的。汉学传承发展到朴学，戴东原、段玉裁、王念孙、王引之、钱大昕等一代学术大师们明诏大号：义理存在于训诂。训诂方式，实际上就是考据；训诂主体，也就是文字音韵。①

---

① 声音统摄各类形体联系，结构形体生成相同音节的区别。字→词→道，意→词→字，是清代考据学家兼哲学家的戴震对文字考据与义理观念的关系归结：作为整体的道原认知，与作为部分的训诂解释，考据线路是互为补充，往复循环的。见臧克和：《中国文字与儒学思想》，南宁：广西教育出版社，1996年，第221页。需要指出的是，钱锺书先生（钱锺书：《管锥编》第一册，北京：中华书局，1979年，第172页）针对朴学解诂技术线路，将其作为"阐释循环原理"而阐释为："积小以明大，而又举大以贯小；推末以至本，而又探本以穷末；交互往复，庶几乎义解圆足而免于偏枯。"参见臧克和：《〈管锥编〉训诂思想初探》，《华东师范大学学报（哲学社会科学版）》，1989年第3期。

传统上，汉字属于礼、乐、射、御、书、数，即"六艺"之一，排列第五。古代有"游于艺"的治学经验，故文字的书写运用，又有"第五游"之称。① 中国学术史具有"以字证史"的习惯。汉字使用区域"汉字文化圈"的若干学科，也往往把汉字体系作为构建中国上古三代以来的认知结构和观念系统的根基。② 汉字结构体系，即认知观念之辙迹。

三、汉字文化思想：载体与资源

汉字结构与汉字书写体系，具有负载文化、传承文化的属性。汉字文化，构成上述观念形态的"深层结构"。学术史上，具有"假字解经""以字证史"的悠久传统。文字学，从来就是中国传统人文学术的根基。

汉代许慎《说文解字》贮存上万古汉字结构单位，百科全书式地直接呈现了先民对于自然与人本的"心性之结习成见"。通过体察认识，分类型、分层级，系统地演绎了最为丰富的汉字认知模式。

汉字考证索解的历程表明，经由古汉字结构的内在联系，可以发掘提取民族固有的、纯粹鲜明的观念思想范畴，可以采集知识，辨析源流，重构发展形成的历程。例如："和"字

---

① 韩国汉字研究所现存古代字书，仍有《第五游》一种。
② 钱锺书先生在《管锥编》里谈到治学心得所在："一代之心性之结习成见，风气扇被，当时义理之书熟而相应、忽而不著者，往往流露于文词语言。"披露大家手眼，辞章义理考据治学会心处。

类认知结构所体现的"和谐"观念史,"仁"字类认知结构存储的仁爱人本意识,"德"字类认知结构传递出的原初道德律令,"礼仪"字类认知结构积累的人生礼仪态度,"时令"字类认知结构中积淀的时间观念发展史,等等。正是从这个意义上,可以不夸张地说,对于汉字文化知识成体系的挖掘,构成了中国认知结构的文化思想资源库。

四、汉字智慧传承:知识与智能

汉字的文化属性,体现在认知结构方面。汉字的认知结构,体现为中国古代社会丰富的类比认知模式。汉字表征的中华认知结构,以形表意,以类相成,首先体现为汉字体系的分类——根据文字所表征的事物外延范围,分为系列意识观念结构类别,每个类别也就是"取类"——所取为类属,而不复是具体的形态单位。

汉字考证索解的历程表明,经由古汉字结构的内在联系,可以发掘提取民族固有的纯粹鲜明的意识观念范畴,可以溯源明流,观测动态,从汉字体系发展过程中采集知识,从而构成中华认知结构文化资源库。

如果说语言(人类的认知方式与认知结果)建构了世界,那么文字就固定了世界(人天关系、人物关系、人人关系)。文字标记,为世界万物赋形,使得万物可以存储、分类、提取,进而可以互联互通,可以让人格物、致知。世界变得"场景化",从而得以确定,可以为人所把握。21世纪以来,人类社会完成了第二次系统编码，即对于文字体系本身的数字化处理，使得世界进入数字化、智能化时代。

会意与意会生产知识。汉字结构认知，无论是独体还是合体结构，都需要经过专业工作者大脑的意会加工过程。合体复合结构的汉字，也就是古人所说的"形声"和"会意"。"会意"的实质就是"意会"，要从参加会合的几个字符中整理出一个构字意义，说得简单些，就是靠解读者的"意会"。"形声"类作为结构主体的认知过程，实际上也离不开"意会"参与的加工。在人类认识发生发展史上，意会知识是一切知识的基础和源泉。波兰尼认为："意会知识比言传知识更基本。我们能够知道的比我们能说出来的东西多，而不依靠不能言传的了解，我们就什么也说不出来。"这就是说，意会知识在时间上先于逻辑的、言传的知识，没有意会便无法产生和领悟言传知识。造字离不开意会，人们解读字形字义也必须有意会能力的参与。基于此，人工智能只能遵循有标注的程序，从而生产"内容"，但无法产出"知识"。知识，有待于挖掘；机器学习，则遵循逻辑，有待于标注。从这个意义来说，机器学习无法取代汉字知识挖掘、采集与传承。①

五、汉字知识挖掘，学科传承

人文科学普遍具有跨学科性质。20 世纪八九十年代，华

---

① 李景源：《史前认识研究》，长沙：湖南教育出版社，1989 年，第 78—79 页。

东师范大学出现过一个被称为"文化文字学"的汉字学派。①
岁月流逝，这个学派留下的有关中国文字学蕴涵礼俗史、艺
术史、观念思想史的系列考索著述，在海内外相关专业领域，
存在着广泛而深远的影响。本世纪在诸如"说文学"研究综
录一类文献目录学里，以及互联网搜索引擎上面，仍然可以
发现大量相关信息。

二十多年来，华东师范大学"汉语文字学"一直是上海
市政府重点建设学科。作为面向世界的中国文字学科平台体
系，"华东师范大学中国文字研究与应用中心"在 2000 年通
过教育部专家组评审，列入教育部人文社会科学重点研究基
地。本丛书就是依托该基地组织和连续性深入挖掘历史汉字
文化知识系统的课题成果。基地还面向全球编辑发行《中国
文字研究》、《中国文字》(*Journal of Chinese Writing Systems*)
等，并与韩国汉字研究所、以色列希伯来大学考古研究所、
日本京都立命馆大学东洋文字文化研究所、德国波恩大学汉

---

① 李玲璞、臧克和、刘志基：《古汉字与中国文化源》，贵阳：贵州人民出
版社，1997 年；臧克和：《汉语文字与审美心理》，上海：学林出版社，
1990 年；臧克和：《说文解字的文化说解》，武汉：湖北人民出版社，
1994 年；臧克和：《中国文字与儒学思想》，南宁：广西教育出版社，
1996 年；臧克和：《汉字单位观念史考述》，上海：学林出版社，1998
年；臧克和：《尚书文字校诂》，上海：上海教育出版社，1999 年；臧克
和主编：《汉字研究新视野丛书》(11 种)，南宁：广西教育出版社，
1996—2000 年；刘志基：《汉字与古代人生风俗》，上海：华东师范大学
出版社，1995 年；刘志基：《汉字文化综论》，南宁：广西教育出版社，
1996 年；刘志基：《汉字体态论》，南宁：广西教育出版社，1999 年；
刘志基主编：《文字中国丛书》(5 种)，郑州：大象出版社，2006 年。

学系等高等研究机构开展了专题项目的长期深度合作。相关学科群自主研发通用的完整"古文字字符集",最早建成"新文科"业态的智能化中国文字数据库等。这些课题所涵盖的系列项目的开展,推进了汉字知识的挖掘与专业数据集加工,为今后人工智能的机器学习赋予东方文化数据驱动,实现人机融合优化发展。

六、汉字培根铸魂,通识性质

华东师范大学从学科建设实际出发,整合上述学科资源,尝试将通识类课程落到脚踏实地的文字学基础之上,让不同学科专业背景的读者能充分领会新时代国家治理的伟大实践中所提炼的文化思想、核心价值观,根植于深厚的优秀传统文化土壤,具有坚实的学理基础,从而恢复或构建固有的认知联系渠道,将培根铸魂的目标落到实处。为此,学校党委组织相关团队,在学科交叉的基础上调查研究,挖掘知识,撰写《汉字文化思想传承丛书》,希望为不同专业背景的读者提供相对通识性的读本;同时也为"汉字文化圈"乃至世界范围内的广大读者认知中国优秀的文化传统,激活汉字"认知原型"记忆,提供新视角、新方法、新资料。

本丛书是开放性的,我们将根据读者的需要,不断发展,推出各类专题系列。期待社会各界都来关心支持、共同发展这个系列,作好这篇"培根铸魂"、真正建立文化思想自信的大文章。

七、体例与说明

设计理念。在新的出土材料不断发现、不同类型的信息日趋丰富的"大数据"背景下，该系列的开展，旨在通过文字释读，挖掘客观可信的知识。根据意义存在于结构的原则，该系列所调查分析的字形结构是"成部类聚"的排比，注意观察同一字符不同形体的历史"动态演变"过程，努力挖掘某一单位的观念发展史。整合各类文字数据平台，尽量使抽象的观念意识转换为直观的具象。行文过程中，充分考虑不同专业背景读者及使用者的需求。

双层结构及其源流。各字类根据分析印证需要，将甲骨文、金文、战国简文帛书、古玺印文、古陶文、古币文、秦汉简文帛书、石刻篆文、《说文解字》（包含"新附"部分）、汉至隋唐五代石刻文字、《干禄字书》《五经文字》《九经字样》等字样文献，依次排比出各个时期具有代表性的实际使用的原形字，以客观真实地呈现汉字结构的源流发展历史，注重呈现字体的发展与其中体现的认知结构观念演进的历程，实现不同学科领域的有机关联。

复线结构及其分析。文本呈双线复合结构。从各个时期文字记录的实际出发，准确分析各种类型字形结构之间的变化及其原因，实现与传世古书记载相互印证。重建某些已经潜隐、中断或失落的形义联系线索。对于只有隶变楷书的形体所作的结构分析，只是提供一种理解上的参考提示。结构分析突出汉字的时代性因素，即结构变异类型、演变过渡类型、新增字形类型、书体转换类型以及字形定型等字形结构之间的基本时间层次，进而为认知结构的发展史描述、文字使用断代提供参照坐标。汉字的意义及联系存在于一定结构及结构的使用过程当中。以字形联系意义、区别意义，即字形使用所产生的基本义项以及基本义项间的逻辑发展线索，都需要置于结构及结构使用过程中予以考察。字义说明强调结构整体性的原则，即认知结构意义是基于结构关系的整体性规定。同时，研究中也贯彻不脱离实际使用"语境"规定的原则，注意恢复业已中断的某些特殊义项的语境联系，以将字义系统的描述置于规定明确、对照统一的释义结构当中，处理好数据链（培养根基）与意识链（凝练精神）双线文本复合结构关系。

参考文献及其标注。为了保证文献的准确可靠，字形图像均采自出土文字和传世字书数据集，即"中国文字智能化数据库"。其中正文反映字形源流的各种古文字材料出处，随文标注简称形式，起到揭示文献记录年代和载体性质的作用。全书正文之后，列具"参考文献"。脚注内容，包含两个部分：一是对正文确有补充需要，二是给出文献出处等相关信息。

丛书所涉及的各类出土古文字数据，一般采自华东师范大学中国文字研究与应用中心开发的"中国文字智能化数据库"。出于篇幅考虑，以及满足不同专业背景不同层次使用者的需要，行文过程中的文字数据均作简略处理。将来读者可以通过生成式智能工具进入可视化文化场景，对于这类功能，丛书会在今后的发展中不断进行完善。

《汉字文化思想传承丛书》编委会

2023 年 7 月 14 日

目录

第一章

汉字中的"射礼"源流

"后羿射日"，是中国人世代相传的神话传说：远古的时候，天上有十个太阳灼烤大地，烤焦了森林，烘干了大地，晒干了禾苗草木。此时出现了一个善射的英雄羿，为了拯救人类，羿张弓搭箭，射向 9 个太阳。只见天空出现爆裂的火球，坠下一只只三足乌（日中神鸟，指代太阳）。最后，天上只留下一个太阳，人民因此拥有了理想的生存环境。屈原在《楚辞·天问》中用八个字概述了这个传说："羿焉彃日？乌焉解羽？"当然，传说的种种细节不可能都是原本的真实历史，但是这则传说赋予"射"以"射日"的特异功能，无疑表明"射"在人们心目中具有营造幸福生活的非同寻常的能力。

　　据考古发现，人类的射箭活动在距今二万八千多年前就已经出现了。随着箭头从石头到金属的转变，射箭的形式发生了很多变化。对人的生存发展而言，射箭的意义巨大，依靠这种活动，人们可以远距离猎获、杀敌，提升杀伤效率并降低自身危险，因此在冷兵器时代，弓箭的出现犹如火器时代的核武器发明。

　　由于具有特殊的实用价值，射箭这种活动被人为礼仪化。在古代中国的礼仪中，"射礼"是非常重要的一项。在《三礼》之一的《礼记》中，有专门讲这种礼仪的"射义"。与之相应，"射"在古代的教育体系中也占据非常重要的地位，成为上古教育内容体系"六艺"之一。关于"射礼"，文献记载虽然可称丰富，但是以汉字为窗口加以观察，也不乏独特的发现。由于汉字具有特殊的历史长度并具备表意的特点，从中探究"射礼"的源流，所获是尤可期待的。

第一节　甲骨文所见"射"的规矩

"射礼"之事，在战国时代的文献才有详述，但作为一种影响巨大、传承悠久的礼法，当有更早的渊源。甲骨卜辞作为汉字最早的成系统的文字材料，自然值得我们从中探寻相关的信息。通过对甲骨文字和卜辞辞例的爬疏，不难发现，在甲骨文时代，"射"这种人类活动确实是有规矩的，兹简说如次。

一、射猎对象的选择

在目前公布的甲骨文资料中，"射"是个常用字，在"文字网"的"甲骨文网络数据库"① 中检索，共计出现 450 次。

---

① 该数据库为教育部人文社科重点研究基地"华东师范大学中国文字研究与应用中心"的"智能检索中国文字数据库"的组成部分之一，网址为 http://www.wenzi.cn/object/NewWeb/ExpertsLogin.aspx。所收材料包括：甲骨文合集，甲骨文合集补编，小屯南地甲骨，花园庄东地甲骨，殷墟小屯村中村南甲骨，英国所藏甲骨集，怀特氏等所藏甲骨文集，苏德美日所见甲骨集，天理大学附属天理参考馆藏甲骨文字，东京大学东洋文化研究所藏甲骨文字，旅顺博物馆藏殷墟甲骨。刻辞总字数 1 100 000 字以上（后几种材料中，《甲骨文合集》《甲骨文合集补编》已收者不再重复收入数据库）。本文所出现的甲骨文频率数据，均可通过该数据库检索验证。

就其意义和用法来说，主要是用作动词，也就是"射箭"。而甲骨文"射"的动词用法，主要出现在田猎的语境中，"射"涉及的对象，主要是野生动物。而被"射"的野生动物，却显然是有所选择的。在卜辞中，被射的动物只是甲骨文中出现的动物中的一部分，按照被射的出现频率从高到低，大致有这样一些动物：射鹿 31 见（鹿出现 424 次），射兕 27 见（兕出现 325 次），射麋 21 见（麋出现 250 次），射麑 21 见（麑出现 56 次），射豕 9 见（豕出现 722 次），射犾 3 见（犾出现 102 次）。

不难发现，上述所射之物，以"鹿"为主，麋、麑所指，以今日动物种类来看，均为鹿科；以汉字构形来看，均从"鹿"表意。故射麋、射麑，广义来看，也属于射鹿的范畴。与"射鹿"辞例最为常见相应，甲骨文中出现了一个用"射鹿"两个字符组合起来的字："麤"，其原形正是拉开弓箭射鹿的生动形象描摹：

这个字出现在《小屯南地甲骨》2539 片，其辞曰：

丁未卜，象来涉，其乎麤（射鹿）。射。吉。

此辞在"麤"字之后，紧跟着又出现一个"射"字，是所谓"验辞"，也就是所卜之事在占卜以后实际发生的情况，足见"麤"所表达的一定就是"射鹿"之义。整个卜辞的意思就是："丁未日占卜，象涉水而来，王命令射鹿。射鹿之结果，很吉利。"①

"麑"这种文字，一般被称为合文，指的是在书写过程中基于某种特定因素而将两个或以上的汉字浓缩在一个汉字书写单位内的情况，合文发生的一个重要前提，就是合文所包含的两个字符的连续书写是一种经常性的书写行为，由于两个字符高频率相连缀，最后导致合文的出现。如甲骨文中经常出现的祭祀对象是"上甲"，于是"上甲"二字就以合文形式写出，即将"上"和"甲"字叠合起来，作"〖图〗""〖图〗"等形；甲骨文的祭牲经常用"三牛"，于是便出现"三牛"合文"〖图〗"（在"牛"字的牛角部位标示数字"三"，以表示"三牛"之义）。由此可见，"麑"字的出现，同样是"射鹿"在甲骨文中连缀书写的频繁出现促成的，根据前文的统计数据来看，甲骨文中"射"字每出现大约 14 次，就有一次是关于射鹿的。

殷商时代为什么偏好射鹿？人们很容易想到的是鹿这一类的野生动物善于奔跑，不易捕获，因此适合用可以远距离高速发射的弓箭来对付。然而，全面考察田猎卜辞，不难发现，殷人对于被射野生动物的选择并不只是根据它们跑的速度。要论善跑，兔子大概可以排在鹿前（至少在中国人的观念里是如此），甲骨文中多见"兔"字（出现 81 次），字形亦多变：

---

① 有学者认为此辞之"麑"为人名，辞意是殷王命令"麑"射象。然而甲骨文没有射象之辞，故此说不可信。

但是卜辞绝无"射兔"的辞例。鹿之善跑，殷人应当不会一无所知，甲骨文"逐"字足以为证。甲骨文"逐"大致有三种字形，一是从"止"从"鹿"，或从"止"从"鹿""行"：

造字意图呈现的是鹿之善跑，故须逐之。二是从"止"从"豕"，或从"辵"从"豕"：

造字意图呈现的是豕突之迅疾，而当逐之。三是从"止"从"兔"，或从"犬"从"兔"：

足见在造字者心目中，兔与鹿、豕同样都是善跑而需要追逐之兽。而捕兔之事见于甲骨文，都是用网，如"罠"字（一般释为"罝"），卜辞中多表示捕猎之义，字形呈现的是用一张大网来捕获兔子：

那么，为什么卜辞中没有"射兔"的辞例呢？似乎需要撇开奔跑迅疾这一共同点，分析一下兔与鹿作为猎物的差异。对猎人来说，对猎物最主要的关注点，应该在于其有用性。显然，相比于兔，鹿的价值无疑更大：在食用、衣用和医用等方面对人类都有出色的贡献。而卜辞表明，在甲骨文时代的猎场上，鹿又是非常多见的猎物。是故在中国古代，人们把"鹿"作为"福禄"之"禄"的象征，并非偶然。此外，兔子这类动物太小，用"射"去捕获，难度高了点，射中率低了点，而射又是需要付出较大狩猎成本的，弓箭的制作，是个细活儿，箭矢射出，回收并不容易。因此，射兔得不偿失。

"射鹿"作为一种文字现象在甲骨文中被强调，会令人联想起"逐鹿中原"这个成语。成语中的"鹿"喻指帝位，所以句子的实际意思是争夺天下，但就字面意思来说，句子的意思不过是在表示"会猎"。把字面意思与实际意思联系起来的，是把打仗委婉地表达为打猎的传统语言习惯。比如曹操《与孙权书》："今治水军八十万众，方与将军会猎于吴。"曹操实际上是要跟孙权打仗，嘴上说的却是"会猎"。狩猎的对象是各种野生动物，可以"逐"的猎物林林总总，但"会猎"为什么只说"逐鹿"？这正表明"鹿"是猎场上最被关注的猎物。因此，言及打猎，殷人首先想到的就是"射鹿"，而后来的"逐鹿"则是这种思维习惯的传承。

兕、豕被射的理由是什么呢？很容易想到的是，它们算是猛兽，用远距离射杀来解决它们，可以确保射手安全。但是这种猜测却被下述甲骨文现象反驳。甲骨卜辞中不乏较之兕、豕更凶猛的野生动物，比如虎，但却未见它被射的辞例。"虎"字出现187次，在田猎卜辞中，殷人对付它的办法多用"隻（获）"来表达，共26次，仅举三例：

合集10197："乙未卜，王默罕。 允隻虎二，兕一，鹿十二，豕二，兔百二十七，□二，兔二十三，圈七。 □月。"

"乙巳王卜，［贞］田桵往［来］亡灾。 王［固曰］：吉。 丝钟。 隻虎。"（合集37393）

"壬午卜，宁，贞隻虎。"（合集10199正）

前文言及，"隻"是表示抽象性捕获的动词，故"隻虎"的具体捕获方式并不明了。而甲骨文中亦有具体的捕虎之字。

"甲□［卜］…寮，于滿🐾🐅虎。"（合集20710）

"滿🐾"为地名，🐅，隶定作"麗"，上为"网"下为"虎"，正是张网捕虎的形象。此字多见于甲骨文，还有省略虎身的字形：

甲骨文中还有表示捕熊的"罷"字，造字意图与"麗"相似，也是上"网"下"能（熊）"：

熊之凶猛与虎有得一拼，可见张网对付猛兽是殷人的基本策略。

甲骨文中另一个具体的捕虎之字则是"虣"：

"壬辰卜，争，贞其虩（虣），隻。九月。

壬辰卜，争，贞其虩（虣），弗其隻。"（合集 5516）

此辞占卜以"虩"的方式捕猎，是否有获。"虩"字原形如下：

字形上"戈"下"虎"，裘锡圭先生认为，这就是传世古书中用来表示"搏虎"的"暴"的古字，它通常又写作"虣"。甲骨文此字表示以戈搏虎之意，卜辞中用如本义。①

那么，同样是猛兽，殷人为什么只用"射"来对付兕、豕呢？通过对甲骨文的梳理，不难发现，兕、豕同样是对殷人具有重要价值的动物。

豕，也就是野猪，在卜辞中多作为祭牲出现，"豕"在卜辞中出现 723 次，除了少量作为猎物出现，绝大部分是用作祭祀时奉献给先公先王等神灵的祭物。"国之大事，惟祀与戎"，为获取祭牲而动用弓箭，当在情理之中。

① 裘锡圭：《說玄衣朱襮衻——兼釋甲骨文虣字》，《文物》1976 年第 12 期。

　　兕对殷人的特殊意义，在于它是制作铠甲的基本原料。甲骨文"介"字如下：

罗振玉曰："象人着介形。介，联革为之。或从仌者，象联革形。"① 王国维亦有类似看法。殷商时代作为冷兵器时代，铠甲当为基本需求之物。而先秦时代，制作铠甲的首选材料便是兕（犀牛）皮。

　　据《左传·宣公二年》记载，宋国将领华元率宋军与郑楚联军交战，战败被俘，宋以"兵车百乘，文马百驷"将他赎了回来。他还不知趣地巡视民工筑城的工地，结果民工们唱歌讥笑他战败后丢盔弃甲。华元便让他的副手回答道："牛则有皮，犀兕尚多，弃甲则那。"意思是：犀牛皮还有很多，损失一些甲胄又算什么呢？

　　屈原《九歌·国殇》中有"操吴戈兮被犀甲，车错毂兮短兵接"之语，联系上下文，屈原应该是把犀牛皮甲认作一种比较高档的装备。

　　根据《吴越春秋》的记载，在吴王夫差和越王勾践的决战中，吴国"今夫差衣水犀之甲者，亿有三千"。而越国军队同样依赖犀牛皮甲，"越王中分其师以为左右军，皆被兕甲"。

　　由此可见，富于价值是兕、豕与鹿的共同之处。

---

① 罗振玉：《增订殷墟书契考释》，转引自《甲骨文字诂林》，北京：中华书局，1996 年，第 14 页。

然而，有些狩猎价值不菲的大型野生动物殷人也不射。比如前文所引《小屯南地甲骨》2539 片的卜辞，明明说的是"象来涉"，殷王为什么不命令射象而命令射鹿呢？当然，可以理解为，大象涉水惊动了水边鹿儿现身，故方便了射猎。但是，甲骨文中除了此条卜辞（如果非要理解为殷王命令射的是象的话），确实没有"射象"辞例。卜辞中多有"获象"的记载，而在这些语境中，从来没有出现"射"，人们所用的捕猎手段，都是"隻"：

> 乙亥王卜，贞田丧往来亡灾。王固曰：吉。 隻象十，雉三十。（甲骨文合集 37365 ）
>
> 辛未王卜，贞田曹往来亡灾。 王固曰：吉。 隻象十雉十又一。（甲骨文合集补编 11295_8）

以上两辞，前一条是卜问：殷王去往丧地，是不是来去无灾？殷王观察卜兆后判断：此行大吉。捕获象十头，鸟三十只。后一条大致意思相同，只是捕猎地点换成了"曹"，捕象的数量变成十，捕鸟的数量变成十一。类似卜辞，还有 7 条，不烦一一。捕象的动词"隻"，即古"获"字，原形作：

字形虽然林林总总，却不外乎手执鸟形。用于捕象语境，这个动词的意义显然已经泛化，并非捕鸟的本义。因此甲骨文时代的人们究竟如何获象还有待于进一步研究，不用射的办法，则可无疑。为什么不射"象"呢？与"象"有很大关系的"为"字似乎可以给出一点解答的信息。甲骨文"为"字从"又"从"象"作：

关于这个字形，学者们有大致相同的解说。罗振玉曰："卜辞作手牵象形。意古者役象以助劳，其事或尚在服牛乘马以前。"① 徐中舒说："从又（即手形）牵象……殷人以牵象为作，更可证象为其日常服用之物。"② 姜亮夫谓："为指的是人的一切作为。在甲文金文石鼓文中是象手牵象形……古初以服象为事……这是以'象'耕的绘画……服象是耕地，是农作中最重要最艰难的事。农业时代最重要的工作，还有过于耕作的吗？所以用此字以统总一切'作为'。"③

既然要用以"助劳"，自然不能加害，所以不能"射"是可想而知的。至于当时的"获象"方法，当与后世南方地区的挖坑、绊索之类方法类同。

---

① 罗振玉：《增订殷墟书契考释》，转引自《甲骨文字诂林》，北京：中华书局，1996 年，第 1607 页。
② 徐中舒：《殷人服象及象之南迁》，《中央研究院历史语言研究所集刊》1930 年第 1 期。
③ 姜亮夫：《汉字结构的基本精神》，《浙江学刊》1963 年第 1 期。

综上所述，殷人狩猎施"射"，对于被射对象的选择并不随意，而是有所射有所不射的。选择被射对象的原则大致有三：一是非射不易猎获之物不射；二是不具有充分使用价值之物不射；三是射伤不利于猎获目的者不射。

二、射具的多样

甲骨文中对于"射"的讲究，不仅关涉到被射对象，也涉及射的工具本身。现在人们说的"箭"，在甲骨文中大多用"矢"来表示，这应该算是一个常识。但还有一个"畀"字，在甲骨文中也是表示"箭"的，这或许是不太被人知晓的。甲骨文"畀"字原形如下：

就字形取象而言，这种箭的主要特征在箭头部分，以此与"矢"相区别。比较一下"矢"的甲骨文原形便可有直观的认识：

裘锡圭先生认为，甲骨文的"畀"，"应该是古书中叫作'匕'的那种矢镞的象形字。……从字形上看，'畀'字所象的矢镞是扁平而长阔的一种。……汉以后，一般把扁平而长阔的矢镞叫做'鈚'"。①

"矢"与"畀"所指之物同为箭属的关系，还可以通过甲

---

① 裘锡圭：《"畀"字补释》，《裘锡圭学术文集》第1卷，上海：复旦大学出版社，2012年，第27—35页。

骨文的偏旁分析窥见一二。甲骨文有"孜"字,表示灾咎之
义,卜辞曰:

贞帝弗孜兹邑。(合集 14211)

"孜兹邑"就是降灾于这个城邑的意思。其字形有两种结
构,一是从"子"从"矢":

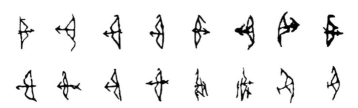

学者或言"字象以矢加人之形"①,从"子"侧上"矢"侧下
的字形关系来看,此说可信。而此字的另一种构形则将"矢"
换成"畀":

"矢"与"畀"在甲骨文中共存,表明殷人的箭是分种类的。
而不同种类,当各有其用。可惜的是,甲骨卜辞中的"畀"字,
用法跟古书里的"畀"字差不多,几乎都是当"付与",尚未
发现作本义的用法,然而"射"字之形,可以弥补这个缺憾。

"射"字甲骨文构形甚多:

---

① 鲁实先:《卜辞姓氏通释之一》,《东海学报》1959 年第 1 期。

均为箭在弓上之形象，少数字形还有持弓射箭的双手，也可以分析为从"矢"从"弓"，带两手者为从"矢"从"弓"从"廾"。值得注意的是，就"矢"的形体而言，可以分为两类，上面一行是尖头的，下面一行是平头的。这种平头的"矢"，除了甲骨文，还见于西周金文（啓爵）石鼓文的"射"：

甲骨文字形具有高度象形的特点，就偏旁而言，常常具有"形符"的属性，所谓"形符"，就是"依靠本身的形象来起表意作用的"，与"义符"，即"由现成文字充当"的用字义来表示偏旁意义者不同①。我们可以把这种平箭头的"矢"看作一种形符。"射"字的创造，在当时是有现实的依据的。殷人为什么要制作平头的箭呢？这不能不令我们想起今天的橡皮子弹，它只对目标的表面产生伤害，而不会穿透目标本身，因而杀伤力较小。有学者调查了殷商"橡皮子弹"的作用，发现它出现的辞例中许多包含擒获的"擒"字：

1. 射（图）妻鹿，罕（擒）。（合集 28348）

2. 弜射（图）毄鹿，弗罕（擒）。（合集 28343）

3. 弜射（图）又豕。弗罕（擒）。（合集 28366）

---

① 参见裘锡圭《文字学概要（修订本）》，北京：商务印书馆，2013 年，第 40 页。

4. 王其射（ $\mathcal{A}$ ）又豕，湄日亡𢦏。 𠦪（擒）。大吉（合集 28305）

以上第 1 辞是说"射毚地的鹿而擒获"，第 2 辞是说"不射 㲋地的鹿而不能擒获"，第 3 辞是说"不射野猪，不能擒获"，第 4 辞是说"王射猪，整日无灾，擒获猎物，非常吉利"。从这些辞例来看，使用平头镞射猎主要是为了生擒捕猎对象。由此可见，与具有杀伤力较大的扁平而长阔的矢镞的"界"相对，平头之矢是殷人为了尽量降低伤害程度而创制的一类箭矢，只不过我们还没有发现殷人为这种平头矢专门制造一个文字单位。

三、射法的讲究

射箭是个技术活儿，特别需要讲究方法和效率。关于此，甲骨卜辞中并非毫无痕迹。在田猎卜辞中，被射的野生动物之前往往缀有"又"字①。这些猎射卜辞，都有"射"字与"又"字相配的特点，即所射动物之名的前面，都有一个"又"字。甲骨文"又"字意义很多，其中之一是表示方位的"右"。这些田猎卜辞中的"又"，正是这种用法。为什么要"射右"呢？不妨看看下面这些文献的记载。

---

① 如：癸未卜，王日贞又兕才行，其左射［隻］。（合集 24391）王其射又豕，湄日亡𢦏。𠦪。大吉（合集 28305）叀又駁射，𠦪。（合集 28317）其射又鹿。（合集 28327）王其涉滴，射又鹿𠦪。（合集 28339）弜射又麋。（合集 28364）［射］又麋。（合集 28365）弜射又豕。弗𠦪。（合集 28366）癸未卜，王日贞又兕才行，其左射［隻］。（合集 24391）叀壬射又兕。（合集 28392）…默射又［麋］…（合集 28377）叀𠂤田射又麋。（合集 10279）…射又鹿，弗每。（屯南 495_2）…射又麋，其每。（屯南 641_2）

比如《诗·小雅·车攻》："大庖不盈。"对于这句诗，《毛诗诂训传》这样解释："一曰干豆，二曰宾客，三曰充君之庖。故自左膘而射之，达于右腢，为上杀；射右耳本，次之；射左髀，达于右䯒为下杀。面伤不献，践毛不献，不成禽不献。"这段文字，记述了上古时代射猎的或左或右之法。"故自左膘而射之，达于右腢，为上杀"，意思是箭从猎物左侧皮肉不可分剥之小腹处射入，从猎物右侧肩前而出，此为最佳之射杀方法。"射右耳本，次之"，谓射杀猎物之时，箭从猎物右侧耳根处射入，此为次等之射杀方法。"射左髀，达于右䯒，为下杀"，谓射杀猎物之时，箭从猎物左侧上股射入，射穿猎物胸肋处，此为下等之射杀方法。

根据这段记载，当时射猎有左射和右射两种方式。值得注意的是，这里说的"自左……而射之，达于右……"，与甲骨文中"射右……"是一回事，因为只有猎物在右边，箭矢才能自左至右贯穿其身体。反之也是同理。值得注意的是，这里所谓的"上杀"之法，在甲骨文中也是主流射法。甲骨文亦见射左的辞例：

涉滴至嬴，射广豕，毕。（28882）

辞中的"广"，即"左"字初文，此辞意为：涉过滴水至嬴地，射左边的野猪，并得擒获。然而，"射左"仅此一例，足见甲骨文时代已经以"射右"为基本准则了。

四、射者的身份与修为

甲骨文中的"射"还有一个名词的用法，意思类同于今天的"将军"或"司令"。"将军"的意思是带领兵士,"司令"的意思是掌管发布命令,其构词意义都顺理成章,合乎逻辑。那么甲骨文"射"字的名词用法又是怎么出现的呢?答案还是要从卜辞中寻找。甲骨文"射"字后加私名者应是当时射箭部队的长官。合集24156:

> 贞射 𝄇 𢦏方。
> 贞射 𝄇 允𢦏方。

前一条卜辞是卜问,叫 𝄇 的那个射官,能不能翦灭敌对方国,后一辞是说,叫 𝄇 的射官果然翦灭了敌对方国。𝄇、𝄇 应是同人名的不同写法,这种情况在甲骨文中多见。射官率领的射队,也叫"射"。合集698:

> 勿戗射三百。

"戗"就是征召的意思。这条卜辞是贞问不要征召三百名射手的射队吧?

殷王外出,往往需要"射"来护驾。合集5761:

> 甲午卜,亘,贞王往出。
> 癸丑卜,争,贞𝄇以射。

前一条占卜殷王外出之事,后一条是数日后占卜那个叫 𝄇 的贵族会不会派来射手。射作为殷王领导的一个军种的军官,自然是一个集合概念,故甲骨文又称"多射"。而"多射"则是殷王的卫队:

> □未卜,允,[贞]令多射衛。 一月。(合集5747)
> 癸亥卜,贞乎多射衛。(合集5748)

　　令韋以多射銜示乎弋。六月（合集 5746）

　　癸酉卜，争，贞令多射［銜］。（合集 9575）

　　…多射銜…陟…八月。（合集 14855）

　　贞令多射銜。（合集 33001）

"銜"，现在学界一般释为"防"字，是防卫的意思。以上辞例都有"令"或"以（率领之义）"多射来防卫殷王的内容，可见"射"的一项重要职责是保卫殷王。由于事关殷王的安危。"射"的地位便也非同寻常，因此有专门训练培养的必要。甲骨文中有训练射手的记载，《合集》5770：

　　癸巳卜，殼，贞叀羔令盖射。

　　贞令［㚸］盖三百射。

"盖"，陈梦家释为"庠"，也就是学校之名，《孟子·滕文公上》曰："夏曰校，殷曰序，周曰庠。"据此，陈梦家认定此字"是动词，《说文》有蓍字，此假作养或庠"；并说"令㚸庠三百射"者，即"令㚸教三百射以射"①。上述卜辞是卜问派二个贵族㚸、羔中何人去教练射手。

　　刚刚被训练成的射手称为"新射"，卜辞中有"新射"被送于商王，以供驱使的记载。《合集》5785：

　　贞乎子妻以敫新射。

"子妻"是人名，殷王的属下。"敫"是地名。卜辞是说，命令子妻送来敫地新训练成的射手。还有一些是殷王指派"新

---

① 陈梦家:《殷墟卜辞综述》，北京：科学出版社，1956 年，第 512 页。

射"去某地执行任务的卜辞：

> 乙亥，贞令辰以新射于斳。（合集 32996）
> 辛未，贞菁以新射于斳。（合集 32996）

综上所述，在甲骨文时代，"射"已经成为了一种高端职业，从业者需要经过严格的教育培训才有可能胜任其职业要求。

以上对甲骨卜辞的梳理可以证明，在殷商时代，射箭这件事具有多方面的重要意义，因此殷人对于"射"事已经建立起方方面面的规矩。限于卜辞的简略，尚不能断言这种规矩是否已经上升到"礼"的层面。有的学者认为，《甲骨文合集》39460 片上有"屋外两兽被矢射之图"，就是"射宫""射庐"[1]；也有学者指出，甲骨文中已经有表示"射宫"的"窜"字[2]，如果确实如此，则表明射箭活动已有专门的场所，极有可能已是一种礼仪性的活动。但是《甲骨文合集》39460 片上的图像，很难说一定是"射宫"，而检查被认为是"窜"字所出的合集 27124、27218 片，相关字形是否确为"窜"也是存疑的，一般释文隶定作"宦"，即"厅"字。即便如此，前文所述的甲骨文中的射箭之事，作为后世"射礼"的原始积累，则当无可置疑。从中我们可以清晰地看到甲骨文时代的人们围绕弓箭的实用价值所形成的种种生存智慧，即在与大自然相处的过程中如何实现获取与趋避之间的和谐平衡。

---

[1] 宋镇豪：《从新出甲骨文金文考述晚商射礼》，《中国历史文物》2006 年第 1 期。

[2] 钟柏生：《释"窜"》，《中国文字》1993 年新 17 期。

甲骨文记录的射事表明，人们对此已经具备了一箭中的的精准把握能力。

《甲骨文合集》39460

第二节 "寸身"的来历——西周金文中的"射"

一、"寸身"问题的提出

关于"射"字，人们常常谈及这样一则趣话：据说王安石（或说是武则天）曾经发表过这样一通高论："射"字和"矮"字应对换一下，"射"字以"寸""身"构成，身体一寸，应当是"矮"；"矮"字以"委""矢"构成，"委"可表"抛""弃"（如"委弃"之"委"），"矢"就是"箭"，所以"矮"字本应表示"射"。

毫无疑问，对于这个故事，我们只能视为一个似是而非的茶余饭后闲聊梗，一笑了之。那么，这个笑话的谬误究竟在哪里呢？

相对甲骨文 ⌂，今天的"射"显然变了味，"弓"和"矢"的组合变成了"身"和"寸"的组合。这种写法的"射"，最早见于《说文》的篆文：⌂。对于 ⌂ 中的"身"，《说文》的解释是"弓弩发于身而中于远"，而对于这个"寸"，《说文》的解释是"法度也，亦手也"。关于"寸"的这个解说乍一看好像有点不着调，究竟是"法度"还是"手"呢？然而仔细推敲，就会发现其实这个解说很全面。从字形的演变关系上看，⌂ 显然来自西周金文"射"的字形 ⌂。"射"的甲骨文主流字形为 ⌂，偶尔出现 ⌂（花东卜辞）的写法，象两手持弓箭，但是未见 ⌂ 这种形体。殷商金文则只有 ⌂ 类字形。而在西周金文里，清晰的"射"字出现 37 次，其中 31 次是 ⌂ 类字形。因此我们可以确定，"从寸从身"的"射"的直接来源就是西周金文：

⌂ — ⌂

很显然，⌂ 中的"身"是由 ⌂ 左边的 ⌂ 演变来的，⌂ 中的"寸"，则是由 ⌂ 右边的 ⌂（又）演变来的。而 ⌂（又）所描摹的，就是人的手，因此，"亦手也"的解释，源于字形的历史演变。那么为什么又说是"法度"呢？这个解释源于当时关于"射"的文化概念的变化。

段玉裁的《说文解字注》对此的解释是"说从寸之意：射必依法度，故从寸"。要说清楚这个"寸"的意思，首先要明白，"寸"作为一个汉字的表义偏旁，是可以表"法度"义的。

且看《说文》对几个从"寸"字的说解:"寺,廷也。有法度者也。从寸之声。""寺"是官府,故有法度。"将,帅也。从寸,酱省声。"《说文解字注》:"必有法度而后可以主之、先之。故从寸。""寸"为什么可以表示"法度"?这个问题容后详说(参见本书第二章第三节"'寸'的法度由来"),但以上所说,似乎已经可以大致解释 右边的 (又)为什么会变成"寸"了。但是 左边的 又是怎么变成"身"的呢?要回答这个问题,有必要深入分析一下西周金文 的意义。

二、西周金文中的"射"

前文言及, 是"寸身"之"射"的直接字形来源,而它又是西周金文中"射"的主流字形。因此,解答射字变为"寸身"结构,有必要分析西周金文之"射"。

1. 射的时空规定

在西周金文里,出现一个"廝"字,字形作:

对于这个字,吴大澂解释为:"从广,正象有屋之形。下从射,知廝为习射之地。"[①] 唐兰则释其为"榭":"榭的特点是只有楹柱没有墙壁。或作射,或作廝,表示是屋宇的意思。廝字在古书里又写做序,可见是射箭的地方。"[②] 此字出现在西周的《虢季子白盤》铭文中:"丁亥,王各于宣廝。""各"

① 吴大澂:《愙斋集古录》上海涵芬楼 1896 年,转引自《金文诂林》,香港:香港中文大学,1975 年,第 5747 页。
② 唐兰:《西周铜器断代中的"康宫"问题》,《考古学报》1962 年 1 期。

是"来到"的意思，薛尚功曰："龠㐁，宣榭，盖宣王之庙也。榭，射堂之制也。古射字，执弓矢以射之象，因名其室曰射。后从木。其堂无室，以便射事，故凡无室者谓之榭。"①从这些释读里，我们可以了解到这样几点情况：一是西周时代，人们已经为射这种活动建造了专门的建筑。射箭其实只能在猎场或战场上发挥其原初功用，将这种活动置于房屋中，表明射箭的原初功用在其中已经不重要了；二是这种建筑居然能够设在周王的宗庙里。周王宗庙是祭祀先王的场所，"国之大事，在祀与戎"，因此周王祭祀的场所，乃是最高规格的行礼之地，射箭的建筑可以建于其中，表明关于射箭的活动已被提升到高规格的礼仪层面了。

西周金文中又有"射庐"一词②，指的应该就是与"廟"字所指同性质的建筑，两者具体形制是否相同还有待进一步探究，但是金文辞例证明了其功用都是在其中进行射的礼仪活动。《十五年趞曹鼎》铭文说：周恭王射于周新宫的射庐，然后赏赐史趞曹弓矢等兵器。金文辞例省简，在"王射于射盧（庐）"和"史趞曹赐"之间记述的内容一般都是被省略的，而这种内容一定是语境规定的，即在"射庐"中应该进

---

① 薛尚功：《历代钟鼎彝器款识法帖·邻敦》卷十四，转引自《古文字诂林》，上海：上海教育出版社，1999年，第766页。

② 《师汤父鼎》："隹（唯）十又二月初吉丙午，王才（在）周新宫，才（在）射盧。王乎（呼）宰雁易（赐）□弓象弭矢臺彤秋（干）。"《十五年趞曹鼎》："隹（唯）十又五年五月既生霸壬午。龏（恭）王才（在）周新宫。王射于射盧（庐）。史趞曹易（赐）弓矢虎盧（櫓）九（尐）旗（胄）冊殳。"

行的，与赏赐物品性质相关的活动，当然，这种活动只能是关于射的礼仪活动。

由此可见，西周时代的射，已经有具体场所的规定，而之所以要限定场所，是活动的仪式性所决定的，这就如同今人做礼拜是一种仪式，而这种仪式要进礼拜堂做才是正规的。当然，西周金文中射礼的规定场地并不限于"射庐"，麦方尊、静簋所记的射礼是在菁京辟雍（周天子所设大学，校址圆形，围以水池）的大池中举行，所以行射礼的人是乘着舟船进行仪式的，还有"射鱼"的内容。《礼记·射义》载："天子将祭，必先习射于泽"；"已射于泽，而后射于射宫"。因为金文记述简略，并不能确定周天子与邦君诸侯在辟雍大池中射鱼射雁后是否还要"射于射宫"。

2. 射的仪式规范

西周金文铭辞简略，要从中梳理出射礼的仪式细节并不容易。但即便如此，我们依然可以从一些铭文的字缝里看出其中的繁文缛节。

《匡卣》记载："懿王在射庐，作象舞。"王在射庐，自然是干射箭之事，因此"作象舞"就只能是与"射"相配合的。《周礼》中有记载大射礼用乐的内容，如《春官·大师》："大射，帅瞽而歌射节"，即在大射时，将演奏乐器唱诵诗歌的职官瞽矇的歌诗唱乐作为射箭的节拍；《春官·大司乐》记载："大射，王出入令奏《王夏》，及射，令奏《驺虞》"；《夏官·射人》也记载说：王"乐以《驺虞》，九节五正"。射一定要符合音乐的节奏节拍，射与礼乐必须完美地统一在一起。

《匡卣》记述的"射庐"中的"作象舞"无疑亦是此种状况。

射箭比赛，是"射礼"中的又一仪式内容，铭文中亦有出现。如《柞伯簋》的记载①，周王在周地举行秋八月的大射礼，命令南宫率王多士、小子，师鲁父率小臣进行射箭比赛，胜者有赤金十版的赏赐。柞伯作为多士小子的一员，十发矢皆中靶，于是获得赤金十版。

3. 以"射"考核人品德行

前文言及，射的场所可以处于周王宗庙，与之相应，"射"又与周王祭祀大礼相联系。西周早期的"麦方尊"铭文大意是：邢侯新封于邢地，在二月朝见周王，正值周王在菁京举行彤祀，第二天，周王在辟雍大池里乘船举行"大丰"（"大丰"即"大礼"），周王射大鸞（鸿）禽，邢侯乘一艘张有红旗的船护从周王，邢侯因而受到周天子的奖赏。"周王射大鸞禽"一句是讲射礼的内容，有的学者认为大鸞禽就是大雁。《礼记·射义》载有"天子将祭，必先习射于泽"，而"泽"有"择"的意思。《礼记·射义》还有这样的记载："古者天子之制，诸侯岁献贡士于天子，天子试之于射宫，其容体比于礼，其节比于乐，而中多者，得与于祭"，大意是说，射礼活动是君主用来考核臣下有没有资格参与祭祀的一种方式。

---

① "隹（唯）八月辰才（在）庚申。 王大射。 才（在）周。 王令（命）南宫達（率）王多士。 师鲁父達（率）小臣。 王釋赤金十反（鋝）。 王曰。 小子。 小臣。 伐（敬）又（友）又。 隻（獲）罰（则）取。 柞白（伯）十禹弓無遾（废）矢。 王罰（则）异（畀）柞白（伯）赤金十反（鋝）。 伂（诞）易（赐）祝（祝）見。 柞白（伯）用乍（作）周公霝（宝）彝（尊）彝。"

西周早期的《令鼎》铭文，记录了周王在举行籍礼（每年春耕开始前，都要由皇帝行籍礼）之后举行的一次射礼①。其中的"令眔奋先马走""令眔奋乃克至"两句讲的是周王对令、奋射技的赞语，夸赞二人的射技能达到"尽善尽美"的程度②，因为二人射技表现突出，因此受到"臣十家"的赏赐。射礼的这种功能，与《礼记·射义》所记是可以接轨的。③

值得注意的是，射礼考察人品的这种作用，还往往被用于政治或外交礼仪。

西周中期《义盉盖》铭文，记述了一场"大射"礼④，这次射礼规模较大，有邦君、诸侯、正、有司四种身份的人参加。西周实行的是分封制，周王将土地、人民封给诸侯去管理，并以武力镇服周围大大小小的邦国。因此，在国王领

---

① 鼎铭曰："王大耤晨（農）于跡（諆）田。 晹，王射，有嗣（司）眔师氏小子郷（會）射。 王歸（歸）自跡（諆）田，王駿（馭）溓中（仲）膾（僕）。 令眔奋先馬徒（走）。 王曰：令眔奋，乃克至，余隹（其）舍女（汝）臣十家。 王至于溓宫，殹（嬰）。 令撲（拜）頴首曰：小〔子〕廼學（效）。 令對眂（揚）王休。"

② 射礼或投壶时，胜算曰马。《礼记·投壶》："请为胜者立马，一马从二马，三马既立，请庆多马。"注："马，胜算也。谓之马者，若云技艺如此，任为将帅乘马也，射、投壶皆所以习武。"鼎铭的"马走"疑即"立马"，即一马、二马、三马相从而立的过程。"先马走"即"先立马"的意思。

③ 《礼记·射义》："古者天子之制，诸侯岁献贡士于天子，天子试之于射宫，其容体比于礼，其节比于乐，而中多者，得与于祭……数与于祭，而君有庆……数有庆而益地。"

④ 铭文曰："隹（唯）十又一月既生霸甲申。 王才（在）鲁。 卿即邦君者（諸）庆（侯）正有嗣（司）大射。"

地以外的广大土地上，分布着许多相对独立的邦君、诸侯国，周王要维持对这些小国的统治，除了武力，礼仪也是一种手段，射礼就是礼仪中的一种。

鄂侯御方鼎铭文记述了鄂侯与周王一起射箭之事，明显具有外交礼仪的性质。鄂侯是西周时期南方一个强大部族的首领。在这次射礼中，鄂侯御方曲意奉承周王，故意将矢射在"侯"的框架上——铭文"休阑"就是射矢于侯框的意思，用意是想使周王获胜，取得周王的欢心。然而周王也没射中，射得偏高了——铭文"王寡"就是矢行高于侯的意思，既然两人都没射中，按礼都得罚饮酒，所以铭文接下去有"咸饮"一句。据西周金文其他铭文，可知此后鄂侯就反叛周了，《禹鼎》记载，他"率南淮夷、东夷广伐南国、东国，至于历内"，成了东南反叛的总头领，从东、南两方夹攻周，一直打到中心地带，对周王室构成极大威胁，迫使周王动用了西六师、殷八师等主力部队才扑灭了这场叛乱。对于鄂侯这个不安分的邦君，周王此前也不大可能一无所知，所以鄂侯御方鼎所记的这次射礼上周王和鄂侯的作为，很可能都是一种外交斗争的手段。

4. 以射施教

西周中期的《静簋》铭文①主要记述了这样一件事：在六

---

① 铭曰："隹（唯）六月初吉。 王才（在）菱（鎬）京。 丁卯。 王令静嗣（司）射学宫。 小子眔服眔小臣眔尸僕学射。 雩八月初吉庚寅。 王吕（與）吴奉吕剌（剛）卿（會）鬱蓝自邦君射于大池。 静学（教）無斁（敷）。 王易（賜）静韠（鞞）刻。 静敢靯（拜）頡首。 敤（對）敡（揚）天子不（丕）顯休。 用乍（作）文母外故（姑）障（尊）毁（簋）。 子子孫孫肨（其）萬年用。"

月初吉丁卯这天，王下令静担任学宫的司射，负责教导小子、服、小臣和夷仆学射。静不负周王任命而"静教无罪"（即教射不厌），因此获得周王的赏赐。这说明，在小臣静的时代射礼作为一种礼仪已经比较复杂，参加射礼的一般人员都需要经过专门的训练才行。因为射礼不单纯是会射箭的人就能胜任的，所以需要在学宫中设立专门的教官来教射。据《仪礼》的《乡射礼》《大射仪》记载，司射是整个射礼的主持人，在射礼进行中他腰里要插一根教鞭，对下属人员不按礼仪行事、严重违反规则者执行"扑刑"。还要"诱射"，即作射的示范动作。这些事情，应该也是作为"司射"的静要承担的任务。

三、"寸身"解析

以上论述，让我们获得了更多的材料依据来分析"射"的"寸身"结构。"寸"的问题相对简单。综上所述，在西周金文时代，射箭除了作为在猎场中猎获野兽和战场上杀敌制胜的具体手段，还成为一种在规定场所进行的充满仪式性的人类活动。而一旦成为仪式，便有了种种程式规矩的形式束缚。这便是"寸"作为表示"法度"意义的字符出现在"射"中的原因，具体说是"射"字字形"理据重构"的文化背景成因之一。至于"寸"为什么表示"法度"，留待后文详述，这里暂不讨论。下面主要讨论的是"身"在"寸身"结构中的意义和成因。

我们认为"寸身"结构中的"身"，表示的是人身的修为，即人的才德品行，其理由如下。

1."射"字的以"身"换 $\mathcal{P}$ ，可以用文字发展演变的正常逻辑去解释。

关于"射"中"身"的出现，有学者认为"射字象弓箭的部分后来改成形近的身，跟字义就完全失去了联系"，这是"为了使偏旁成字，甚至不惜完全破坏字形的表意作用"的缘故，并认为《说文》说"射"字"从'身'之意是牵强附会的"。①论者没有就此判断交代理由，但这些意见显然是以"射"的初始造字意图为依据而提出的。这里就牵涉到这样一个问题：对于汉字的造字本义（或曰"造字意图"），是不是只有初始的那个才是正确的，以后发生的"理据重构"都是谬误？换句话说，文字的结构理据是否是一成不变的，一旦变化就没有理据了吗？对于这个问题，我们的答案是否定的。德国语言学家洪堡特认为："语言就其真实的本质来看，是某种连续的、每时每刻都在向前发展的事物。即使将语言记录成文字，也只能使它不完善地、木乃伊式地保存下来，而这种文字作品以后仍需要人们重新具体化为生动的言语。语言绝不是产品，而是一种创造活动。因此，语言的真正定义只能是发生学的定义。"② 我们认为，用洪堡特的这种观点来看待"射字象弓箭的部分后来改成形近的身"的现象是更加合理的，并曾作过理论阐释③，这里不再赘

① 裘锡圭：《文字学概要（修订版）》，北京：商务印书馆，2013 年，第42 页。
② 威廉·冯·洪堡特：《论人类语言结构的差异及其对人类精神发展的影响》，北京：商务印书馆，1999 年，第 56 页。
③ 刘志基：《汉字文化综论》，南宁：广西教育出版社，1996 年，第92 页。

述。而以"身"换 🜚 的现象可以视为文字发展演变的正常逻辑，使得我们对"寸身"的解读获得了理论前提。

2. 以"身"换 🜚 的文字演变与射礼文化环境的影响有明显联系。

毋庸讳言，🜚 与 🜚 构形相近自然是"🜚"中出现"身"基本原因之一。但除此以外，这种演变与上文所述"射"字的各种意义的新变化也不无关系。不难发现，上述关于射的礼法的重要底层意义，实际上一方面是要提升人的素养德行，另一方面则是对这种素养德行或者说修为水平的评估。《礼记》等后来的传世文献中所言及的射礼法度，都是可以和西周金文中射礼记载相对接的。比如《汉书·艺文志诸子略》："选士大射，是以上贤"，是说通过"大射"礼来选拔贤能。《礼记·射义》中有更多记载："是故古者天子以射选诸侯、卿、大夫、士。射者，男子之事也，因而饰之以礼乐也"；"以立德行者，莫若射，故圣王务焉"；"故曰射者，射为诸侯也。是以诸侯君臣尽志于射以习礼乐。夫君臣习礼乐而以流亡者，未之有也"。这与西周金文记录的周王以射考察评估臣属的德行，是否具备参与祭祀的资格，乃至下属邦君的忠诚度等方面的记录完全是对应的。《周礼》中，"射"被列为上古教育内容"六艺"之一，也与西周金文以射教人的记录无缝对接。由此可见，"射"中的"法度"所涉及的主要是人的德操品行及人身修为，而在说文篆书的文字系统中，这种意义用"身"这个字符来表达是很正常的。

当然，这里会涉及这样一个问题：当人们言及"射"这件事时，想到的究竟是朴素的张弓搭箭发射行为还是"射礼"之礼法？如果是后者，"寸身"属于理据重构的判断自然是顺理成章的。如果是前者，情况则相反。当然，这里涉及的人应该是有所限定的，即只能是有资格使用文字之人。而这些人的思想活动究竟在上述两种情况中属于何者，我们只能以他们留下的文字材料为依据作出判断。前文言及，甲骨文"射"作动词多用于田猎语境，且有被射的野生动物出现，这表明，当时人们在与"射"字发生交集时，感受到的"射"字意义内涵就是朴素的张弓搭箭发射行为；而在西周金文中，"射"用作动词全部出现在"射礼"语境中。即便用作名词，除了族名、人名，所指也是关涉射礼的"射庐""宣射"之类的事物。这表明，当时人们在与"射"字发生交集时，感受到的"射"字的意义内涵都是关涉"射礼"的。综上可以认为，至迟在西周时代，人们对"射"字的认识已经充斥射礼内涵。春秋战国时期，射礼不但延续下来，且有了进一步强化人身修为之法，即"寸身"内涵的发展，"儒家知识分子将'仁'的思想观念融入以《射礼》《射义》为代表的射礼，……仪式也更加繁复，射箭技术和竞矢意味退居第二位，射礼的礼乐教化、道德示范功能突现"。[①] 因此，在战国文字中，"射"字发生"寸身"的理据重构，并非突兀之事。

3. "寸身"之"身"的意义，在与"寸身"之"射"产

---

① 严嘉岚：《先秦时期射礼研究综述》，《文化学刊》2020 年第 8 期。

生同时的文献中普遍存在。

　　"身"在先秦文献中，可以表示"品德""才能"，如《晏子春秋·问上二十》中："称身就位，计能定禄。"前面四个字的意思就是"根据自己的才德来担任职位"。而使自身德行端正可谓"端身"，如《孔子家语·三恕》中："士能明于三恕之本，则可谓端身矣。"为人处世就说成"立身"，如《孝经·开宗明义》中："立身行道，扬名于后世，以显父母，孝之终也。"除了传世文献，"身"在出土文献中也同样有这类意义，《上博一·性情论》二五简："闻道反己，修身者也。"这里的"身"就表示"品德"。

　　"身"的这种意义，指向的是人自身的品德操行。而包含这种意义的其他字，又可以用"身"来表达。比如《礼记·射义》中："射者，仁之道也"，"仁"在出土文献中可以用"身"来表达；又如《安大二·仲尼曰》："中（仲）尼曰：'去身（仁），亞（恶）辠（乎）成名？'""去身"之"身"表示的就是"仁"。反过来，"仁"字也可以表示"身"。比如《上博二·從政（甲）》10—11简："君子闻善言，以改其言；见善行，内〔纳〕丌〔其〕息（仁〔身〕）安〔焉〕，可胃〔谓〕學（学）矣"，其中"息"就是楚简中"仁"的主流写法，而它所表示的就是"身"。

　　"信"与"仁"同类，而"信"也可以用"身"来表示。《清华八·治邦之道》10简："母（毋）面悥（諒），母（毋）复（诈）愳（伪），则身（信）长。"简文中的"则身长"的"身"表示的就是"信"。在战国玺印文字中，"身"

字频见，基本就是表示"信"的①，如"身（信）士"（古玺汇编4671）"贵身（信）"（古玺汇编4676）"长身（信）"（古玺汇编4674）"言身（信）"（古玺汇编4662）"忠身（信）"（古玺汇编3463）"长身（信）"（古玺汇编4673）"士身（信）"（十钟山房印举61.3）"敬身（信）"（天津市艺术博物馆藏古玺印选32.3）"恧（慎）身（信）"（中国玺印类编33.2）"人（仁）身（信）"（鉴印山房藏古玺印菁华32.63）"以身（信）之（至）上"（古玺汇编4909）"身（信）成（诚）"（珍秦斋藏印·战国篇210）。

"身"作为一个偏旁，亦多出现在"信"和"仁"字构形中。

"信"，战国文字多从"身"从"言"，如：⊟ （史蕾问于夫子）、⊟ （中山王礜方壶）、⊟ （梁上官鼎）、⊟ （信安鼎）、⊟ （梁十九年亡智鼎）、⊟ （十四祟铜牛）。

"仁"字楚简中的基本写法便是"急"，因其在目前公布的楚简材料中，多达140余简，例多不引。值得注意的是，同样是这个"急"，又有很多学者认为它在战国玺印文字中表示的是"信"（例见上述）。对此矛盾现象，曾宪通等曰："'急'字楚简常见，多用为'仁'。然古玺文'鋔'似读'信玺'为佳，故不能排除'急'字可以用为'信'之可能。"② 显然，这只是一种对现象的认定，尚未解释其原因。其实，这种看似矛盾的现象，是战国文字中用字习惯的国别

---

① 何琳仪：《战国古文字典——战国文字声系》，北京：中华书局，1998年，第1138—1139页。

② 《出土战国文献字词集释》北京：中华书局，2019年，按语1313页。

地域差异的一种表现："㐰"表"仁"是楚国文字特点，而"㐰"表"信"则是三晋、燕国文字特点。这类用字习惯国别差异在战国文字中很常见，并不奇怪。当然，这种现象还可以作更加深入的理论探讨。

4."身"在战国文献中的意义变化属于常见的"同义换读"现象。

以上关于"身"的文字通用现象，以往一般是以读音类同，即"通假"的理由来解释的。但是就上古音来说，"身""仁""信"三字，虽然韵部同为"真"，但声纽分别是"书""日""心"，声类都不同，差异并不小，所以认定为古音通假的解释并不完美。而基于上述先秦文献中相关文例的整理分析，用类似于"同义换读"的文字演变原因来解释这些字际关系应该是更加合理的。

所谓"同义换读"，就是"人们不管某个字原来的读音，把这个字用来表示跟它原来所代表的词相同或近似的另一个词（一般是已有文字表示的词）"。① 当然，这是对"字"的演变方式的一种归纳，但是这种方式既然可以存在于整字的演变中，也完全可能存在于偏旁表达字形构成理据即造字意图的变异中："身"可以表示"品行""仁"，因此它既在"信"的构形中表达"信"的字义内涵，又在"仁"的构形中表达"仁"的字义内涵，我们可以视之为造字意图层面的"同义换读"。而这种特定同义换读现象的存在则表明，战国

---

① 裘锡圭：《文字学概要（修订版）》，北京：商务印书馆，2013 年，第210 页。

时代文字构形系统中，"身"是具有特定造字表义功能的字符。众所周知，"在战国文字资料中，'身'或'身'旁是很常见的"①。在这样的文字构形环境中，"身"应该会得到较为充分的"同义换读"机会。而造成这种机会的另一个方面，则是古文字构形演变中由"形符"变"义符"的趋势。

5."寸身"之"射"的理据重构符合古文字"形符"变"义符"的演变趋势。

裘锡圭认为，"从结构上看，汉字主要发生了三项变化"，其中之一便是"所使用的意符从以形符为主变为以义符为主"，形符是"通过自己的形象来起表意作用……又如构成 𝕳（射）字的弓箭形和手形"，"随着汉字象形程度的降低，造表意字的方法就逐渐由主要用形符变为主要用义符了。春秋战国以后新造的表意字……大多数是用义符构成的合体字"。②裘先生以"射"字为例的这一论说完全正确，保持"形符"写法的"射"，在春秋时代的石鼓文里成为绝响，到了战国时代，顺应字形象形程度降低的大势，"射"在楚文字中被改成从"弓"从倒"矢"形，作 𝖘 𝖘；秦文字则用从"寸身"的 𝖘 来替代 𝕳：睡虎地秦简"射"10 简（秦律杂抄 7 简，日书甲种 2 简，封诊式 1 简）均从寸从身作 𝖘。秦玺中"射"也多见，亦皆从寸从身：

---

① 吴振武：《燕国玺印中的"身"字》，引自《胡厚宣先生纪念文集》，北京：科学出版社，1998 年，第 196—199 页。
② 裘锡圭：《文字学概要（修订版）》，北京：商务印书馆，2013 年，第 39、11、41 页。

射快   王射   射官

由此可见，"射"的造字理据重构，也是在汉字构形象形程度降低的演变趋势催化中发生的，而这种变异的规律，即如裘先生所说，是由形符向义符的演变，义符"通常都是由已有的字充当的表意偏旁，它们就依靠本身的字义来表意"。① 很显然，楚文字从"弓"从"矢"的结构，正是由"弓""矢"的字义会合起来表达的典型义符结构。而秦文字从"身"从"寸"的结构演变，与楚文字的上述演变是具有平行关系的，因而只要有充分的理由，同样视之为义符结构应该是更加稳妥的一种判断。基于前文关于"身"字和"身"偏旁的资料整理分析，我们可以这样来表述"寸身"作为义符结构的理由："身"既然在同时段的文字材料中频繁表示人身修为的成功，即"道德品行"类意义，而已在射这种行为的表现中占据越来越大影响力的"射礼"又是关乎"修身"② 的，在"射"字理据重构为从"寸"的情况下，选择"身"与"寸"相会合来表达新的义符结构，是完全符合逻辑的。

---

① 裘锡圭：《文字学概要（修订版）》，北京：商务印书馆，2013 年，第 11 页。

② "孔子射于矍相之圃，盖观者如堵墙。……使公罔之裘、序点，扬觯而语，公罔之裘扬觯而语曰：'幼壮孝弟，耆耋好礼，不从流俗，修身以俟死者，不，在此位也。'"

第三节 "弓""矢"意义的泛化与"射"的文化迁移

射箭这一活动在实际功利层面和礼仪层面的双重作用深刻影响了人们的生活,导致射与射箭工具的影响发生迁移,波及人们生存的其他方面。这种状况通过造字层面的思辨,导致相关的"弓""矢"类字符在汉字表意系统中产生种种意义泛化,从而形成一种特殊的"射"文化景观。以下就此种泛化意义作一点粗略的梳理。

一、度量

从"矢"之字,往往具有长度有限的意义,比如"矮""短""矬""矲""矤""矪""矯"等,而它们的义符都是"矢"。"矢"为什么可表长度有限?《说文》的解释是:"短,有所长短,以矢为正。从矢豆声。"徐灏在《段注笺》作了进一步说明:"古者弓长六尺,箭干长三尺,故度长以弓,度短以矢。"[1] 大意就是,弓箭在古人生活中,除了射以外,还被拿来当尺用,弓长六尺,所以用以度量长的东西;箭长三尺,所以被用来度量短的东西。

关于"弓"的尺度作用,可以看一看"彊"字,它的西周金文作:

---

① 丁福保:《说文解字诂林》,北京:中华书局,1988 年,第 5494—5495 页。

铭文中通常用作"万寿无疆"之"疆"。罗振玉说："此从弓从畕，从弓，古者以弓纪步，畕，象二田相比，界画之义已明。"① 这是说"弓"可以被人们用来度量田地的长度，所以"彊"其实就是"疆"的初文。

二、进达

射箭是为了中的，因此表示目的到达的文字叫"至"。甲骨文写作 ，在矢的箭头下加一横线，表示箭矢所达。可见在甲骨文的造字思维中，进达的意义是最适合用箭矢来表达的。"至"是甲骨文的常用字，仅在《甲骨文合集》就出现 931 次，主要表示"到达"之义。可以想见，"至"字的频繁使用，又会反过来强化"进达"和箭矢在人们观念中的联系。

又如"晋"字，甲骨文作 ，从倒矢（有学者认为倒矢 就是"箭"的初文②）从日，为了字形平衡，倒矢成双写出，本义为"会日出蒸进之意"（《说文》），即太阳升腾进入天空。"矢"亦被用来表示"进达"之意。"晋"字所从的倒矢后来演化成"臸"，也表"到也"（《说文》）的意义。

"一箭之地"，是中国人用来形容距离的常用语，意思是相当于一箭射程的距离，比喻相距不远。这种语言思维与"至""晋"的造字思维显然具有相通性，当然也与"矢"用作长度意义的思维逻辑类同。

---

① 罗振玉：《增订殷墟书契考释》，转引自《古文字诂林》，上海：上海教育出版社，1999 年，第 61 页。

② 参见沈培：《卜辞"雉众"补释》，《语言学论丛》26 辑，北京：商务印书馆，2002 年，第 238—239 页。

三、迅疾

甲骨文"疾"字从"矢"从"大",写作:

该字描摹箭射向人的形象,卜辞用为急速、赶快之义。卜辞曰:"⋯ 归于牢。"(甲骨文合集 36766),牢是个地名,有学者认为是大邑商附近的一个田猎区。辞意就是"某人是否能急速归于牢地"。显然,在"疾"的造字思维中,"矢"成为"快速"意义的代表之物。

"瞬间"的"瞬"字,甲骨文和西周金文写作"罙",从"目"从"矢",写作:

戴家祥认为就是后来的"瞋"①。《说文》中写道:"瞋,开合目数摇也。"意思就是眼睛一开一合迅速转动,徐铉认为"瞋"也就是"瞬"。迅疾之物引起快速眼动,这是"罙"(也就是"瞬")的造字意图的核心要素,而"矢"同样在其中成为迅疾物的代表。

四、灾咎

甲骨文"疾( )"字除了表示"迅疾"之义外,又有"疾病"之义,李孝定曰:" 象矢著人腋下,会意,谓其来

---

① 戴家祥:《罙字说》,《中山大学语言历史学研究所周刊》1930 年第 125 期。

之疾也；与训病之疾本非一字，惟矢中人，即有创病之义，与疾病之义近，且  之隶体作天，與骄之隶体作疾，其形亦不甚相远，后世遂以疒之后起字之'疾'，兼赅'疾病'、'疾速'二义而'天'亡矣，非疾之本义当训急速也。"① 由此可知，中的"矢"亦被造字者视为伤疾之源。

前文已说，甲骨文常见"疾"字，有灾咎之义，卜辞曰："辛卯卜，䝅，[贞]帝疾兹邑。"（甲骨文合集 14212）"帝疾兹邑"的意思就是"天帝降灾于这个城邑"。"疾"字从"矢"从"子"，写作：

其造字意图与类同，只是将"人"换成"子"。"大"是成人，"子"是小孩，所以"疾"中的"矢"更凸显其"灾咎"之义。

五、师旅

甲骨文"族"字从㫃、从矢作：

---

① 《金文诂林读后记》，台北"中央研究院"历史语言研究所 1982 年专刊之八十。

丁山释其形曰:"族……矢所以杀敌,认所以标众,其本谊应是军旅的组织。清太祖起兵建州,'以旗统众,即以旗统兵',旗的制度,当是族字从认正解。族之从矢,当然又与部落称箭的含义相同,族字的来源,不仅是自家族演来,还是氏族社会军旅组织的遗迹。所以在殷商后半期,族与氏依然一体。"由此可知,"族"的造字,是以"矢"来表示其军旅属性的。

六、言辞

在造字意图的层面,"矢"还与"言辞有关",且看如下几字。

《说文》曰:"知,词也。从口从矢。"有学者认为,《说文》解释"知"的"词"应该依照《玉篇》改为"识",则"从口从矢",就是用口陈述的意思。①

《说文》中写道:"矣,语已词也。从矢以声。""矣(𥎞)"的上部偏旁,本是"以"字的篆文(㠯)写法。所谓"语已词",就是今日所谓句末语气词,可见其中的"矢"也是表示语言表达的。

"矢"之所以可以表示说话,《说文》在另一个从"字"下作了解释:"𫍲,况也。词也。从矢,引省声。从矢,取词之所之如矢也。"这个"𫍲",就是后来的"矧",是表示"况且"的虚词,而"取词之所之如矢也",用现在的大白话来说,就是说话就和射箭一样,一言既出驷马难追,即如开

—————————

① 参见汤可敬:《〈说文解字〉今释》,长沙:岳麓书社,1997年,第713页。

弓没有回头箭。

以上所举，虽然不尽为"射礼"之产物，但总可归为"射"文化的历代积淀。由对相关文字的断代分析，则可依其发生之时间顺序，成就一幅特殊的历代射事风景画。

第二章

"法""网"面面观

孔子说过这样一段话："道之以政，齐之以刑，民免而无耻。道之以德，齐之以礼，有耻且格。"(《论语·为政》)孔子在这里指出了传统上规范人们行为的两种方式，一种是"礼"，另一种是"法"（值得注意的是，孔子用"刑"来表示"法"。原因后述）。因此本章我们来讨论"法"，当然，还是限定在汉字本体之中。

第一节 "法"字的非"法"经历及其身份的翻转

一、"灋"之探源

法律的"法"，是一个构形被省略的文字。不省者亦可以用电脑输入法打出来：灋。这个"灋"的构形，直接来源于商周金文：

对于"灋"的解读，《说文》曰："灋，刑也。平之如水，从水；廌，所以触不直者；去之，从去。"很显然，这一解释，认定了"灋"与"法律""刑法"之"法"的同字关系。对此，迄今为止的字典辞书（包括古文字字典类工具书）一概予以认同，商承祚《说文中之古文考》："盖灋法二字，一属周初。一属晚周。汉时亦通用之。"另一种有所修正的意见只是说"灋"中的"去"是"盍"的初文，与来去的"去"不是同一个字，在"灋"中用作声符。① 故"灋"字的表意偏旁只是"水"和"廌"。

什么是"廌"呢？《说文》曰："解廌，兽也，似山牛，一角。古者决讼，令触不直。"对于这一解说，段玉裁《说文解字注》又作了进一步解释："《神异经》曰：'东北荒中有兽，见人斗则触不直，闻人论则咋不正，名曰獬豸。'《论衡》曰：'獬豸者，一角之羊，性识有罪。皋陶治狱，有罪者令羊触之。'"

综上，我们通过对"法"字传世文献解读而得到的信息可以作如下归纳：中国在皋陶为理官的舜帝时期亦曾有过"神判"执法的历史与观念。中国古代神判的具体方式是借助于"廌"，或曰"獬豸"这种神兽来进行罪与非罪的识别。而这样的观念意识，正是"灋"的造字意图的来源。

但是，"灋"的出土古文字给出的信息与上述认识有着很大的不同。首先，"灋"字本义似乎并非是"法"。最直接的理由是，在其最早出现的金文中，"灋"大多用作"废"，也就是表示"毁弃""败坏"之类意义：

---

① 参见黄德宽主编：《古文字谱系疏证》，北京：商务印书馆，2007 年，第 3980 页。

王一射，叕射三，率亡（无）瀍（废）矢。——乍册般
铜鼋

敬乃夙（夙）夜用㽙（屏）朕身，勿瀍（废）朕
命。——逆钟

用夙（夙）夜事。勿瀍（废）朕令。——伯晨鼎

敬夙（夙）夜用事。勿瀍（废）朕令。——大克鼎

今余弗叚瀍（废）其覭光。——戎生编钟三

余弗敢瀍（废）乃命。——叔夷钟

以上金文"瀍"之铭文用例，从殷商至春秋（主要集中
于西周），覆盖了"瀍"出现的早期时段，居然全部表示
"废"而不是"法"。西周金文中的"瀍"偶表"大"义。大
盂鼎"瀍"字两见，一为"瀍保先王"，意思是"大保先
王"；二为"勿瀍朕令"，即是"勿废朕命"。然而，"瀍"的
"大"义，也是它所表的"废"这个词的一种意义。比如，
《诗经·小雅·四月》："废为残贼，莫知其尤。"《毛诗诂训
传》注为："废，大也。"可知除表"废"外，西周金文中的
"瀍"再无它义，这无疑对《说文》的"瀍"字解说提出了
质疑。为解释这个问题，南宋金石学家薛尚功试图说通"法"
与"废"的意义联系："金铭'废'皆用法字，盖法有时而
废。于古人通作废字，犹治乱谓之乱也。"[1] 然而，此说曲迁
难通，并未得到人们的认同，后来的古文字研究者对此的解
释可谓众口一词：假借。

---

[1] 转引自《古文字诂林》第八册，上海：上海教育出版社，2003年，第510页。

吴式芬释《虎敦（作者按：即师虎簋）》："许印林说瀺古法字。此借作废。"（攈古录金文卷三之二）

高田忠周："古以法为废，此为转音通用。"（《古籀篇》卷九十一）

郭沫若释《大盂鼎》曰："文中两瀺字均读为废，唯义有别。上之'瀺保先王'乃"大保先王'，下之'勿废朕令即勿废朕命'。"（两周金文辞大系图录考释）

假借之说的前提，是先要认定"瀺"的本义是"法"。而"瀺"的早期出现没有用这个本义，倒也不是不能用，但由于材料发现的局限，"法"义没有机会出现。但是，另有一个障碍，却是无论什么理由，都无法消除的：无论是殷商甲骨文金文，还是西周春秋的金文等出土文献材料，都未见有"法"这个词的出现。与"瀺"同时的青铜器铭文中，表示"法"这个概念，一般是用"井"字来记录"型"或"刑"这个词：

> 暦（曆）肇（肇）對元徝（德），考（孝）畬（友）隹（唯）井（型）。——匽方鼎

> 乍（作）册捝（封）異（式）井（刑）秉黗（明）德。——作册封鬲

> 女（汝）母（毋）弗帥用先王乍（作）朙（明）井（刑）。——毛公鼎

"孝友隹（唯）井（型）"就是以孝友为法则，"式井（刑）"就是效法、遵法。用为动词的"法"，则除了单用"井"，还多用"帥刑"来表达：

望肇（肇）帅井（型）皇考。——师望鼎

余㝩(小子)肇（肇）帅井（型）朕皇且(祖)考懿（懿）德。　——单伯昊生钟

文字本为记录语言而产生，既然没有这个被记录的语言单位，又怎么可能出现以这个词为本义的文字？

《周书·吕刑》《周易·蒙》等西周传世文献中出现过"法"这个词，但其真实断代，需要进一步研究。众所周知，战国以降，人们在传抄过程中就对以前的文献进行了某些改动，掺杂进某些后世认识的内容。因此，对于汉语史、汉字发展史角度的某些字词的断代，出土文献是更加可信的依据。当然，这也有个前提，就是相关出土文献内容的语境，具有让这些字词出现的必然性。很显然，西周、春秋金文是完全具备这种语境条件的，如前文所引，这一时段金文常有"奉法""效法"的表达，西周金文近 10 万字，春秋金文近 4 万字，如果真有"法"这个词，怎么可能从不现身？

"灋"字用作"法"的意义始见于战国出土文献：

唯作五虐刑曰灋。——郭店《缁衣》27 简

这种名词的"法"的动词用法，即"效法"的意义在战国铭文中也出现了：

可灋可尚，㠯（以）卿（饗）上帝。——中山王䚂方壶

显然，要把这种后起意义解说成"灋"的本义，是有障碍的。然而，把一个字的早期意义认定为本义，也需要形义之间逻辑联系的论证。那么，"废"之意义，与"灋"的造字

意图之间，是否具有合理的内在联系呢？答案应该是肯定的。

二、"庆"中观"廌"

西周和春秋时代的金文中还有一个以"廌"为表义偏旁的"慶"：

《说文》根据小篆解说"庆"字从鹿，就金文字形来说，"庆"字从廌从心是毫无疑问的，学者或解释为"会廌心正直善美之意"①。而就西周和春秋金文的铭文用例来看，"庆"除了用作人名外，还表"成功""成就"的意义。

例如，《六年召伯虎簋》："余告庆。"什么是"告庆"呢？《国语·周语中》载："晋既克楚于鄢，使郤至告庆于周。""告庆"即告成功。

又如，《蔡侯纽钟》："休有成庆"。此铭中"成""庆"同义连文。《纪伯子宪父盨》载："庆氒（其）吕（以）臧（臧）。""庆其以臧"，也就是成就其美好。

表示"成功""成就"的"庆"与表示"废"（即败坏、毁弃）的"瀺"无疑具有相反的含义。而其表意偏旁都由"廌"来担当，自然是合乎造字思维的逻辑的。具体而

① 黄德宽主编：《古文字谱系疏证》，北京：商务印书馆，2007 年，第 1793 页。

言，将"廌"这种可表庆、成之类美好的动物沉入水中，正合适表示"废"。

甲骨文有"沈（沉）"字：

分别从"水"从"牛"或"羊"或"牢"，表示将牛羊等祭牲沉入水中。显然，这种造字方式，与"灋"是类同的。"灋"的写法中，也有不少不带"去"而只是由"水""廌"组合而成的：

乍册般铜鼋	畯簋	伯晨鼎	覒簋

"沉"，作为祭祀用牲的方式，目的是方便被祭祀的神灵享用祭牲，因此对祭牲而言，总是要受到毁灭性的处置，它同其他用牲法如"蚑（𧈆）"，即描摹持械击杀一条蛇，以及"坎（𡎱）"，即将牛头朝下埋入地坎中，用意都是一样的。只不过，"廌"在造字意图的层面，是可以象征成功、成就的动物，将其投入水中来表示"废"，更加合乎当时造字者造"灋"字的思维逻辑。

"廌"在西周金文"庆"的造字意图中的意义表达，与由许慎所阐释的其在"灋"字中的意义表达，显然是不同的：前者表达"成功""吉庆"，后者则呈现了"廌"具有神判这种特异功能。而我们认定"灋"中的"廌"与"庆"中"廌"

53

的意义表达是相类同的另一个理由，则是"廌"在造字意图层面的所谓"性识有罪"意义是不存在的。

"廌"的"性识有罪"特异功能，据《论衡》记载，早在皋陶治狱时代就已被人们认识了。如果这是真的，它似乎应该在殷商文字中就显示它的存在，但事实上，这种存在无迹可寻。甲骨中"廌"已多见：

字形描摹的是有两角的动物，或曰"象野牛形"①。"廌"在卜辞中单独出现，多为祭牲。

> 钔廌，丙鼎犬，丁豚（屯南附1）
>
> 辛卯卜：子隮宜，叀幽廌用。（花東198）
>
> 乙亥：歲祖乙牢、幽廌，白豭，汉二畐。（花東237）

虽然"廌"在卜辞中单独出现用作祭牲时与"犬""豕""牢""豭"等寻常祭牲并没什么不同，但是在充当表意偏旁时，则体现了"廌"作为殷人祭牲的某种特殊性。甲骨文又有"羁"字：

卜辞中将其用为进献祭品与祭仪：

---

① 黄德宽主编：《古文字谱系疏证》，北京：商务印书馆，2007年，第2046页.

五羁卯，叀牛王受又。（合集 28154）

庚辰卜，犾，贞叀五羁先酌。（合集 28155）

其构形从糸从册从麀，从糸从册即"编"字，有羁维之义，而被羁维的对象不是别的祭牲，而是麀。

与"羁"相类似的甲骨文还有"薦"字：

卜辞"薦"，用例亦皆关乎祭祀：

丙辰卜，贞王窢外丙薦，亡拇。（合集 35554）

甲戌卜，贞王窢祖甲薦，亡拇。（合集 35905）

其义"为祭登牲首之专名"，而作为"牲首"代表的，只是麀首。

甲骨文还有另外一些从"麀"字，皆为专名：薦（𥆫），地名；𧤵（𧤵𧤵），地名；𩣡（𩣡），用为族名或人名。值得注意的是，麔（𥅓𥅓），也只是用为地名。

纵观上述甲骨文字，"麀"作为一种动物，是被殷人用作祭牲的，如果说它与牛、羊、犬、猪等一般祭牲有什么不同的话，那就是在某些祭祀场合可以成为一般祭牲的代表，但是其"性识有罪"的神异功能，并没有任何显现。因此，认定金文"灋"中的"廌"是"性识有罪"的神兽，进而认定"灋"的本义是"法"是没有来由的。

考察文献记载，《说文》"灋"字训释中的神兽"獬豸"的观念应当是后世形成的。"廌"的神兽说，始见于汉代杨孚

《神异志》。在战国时代的文献里，出现以羊来识别罪犯的文献记载，如《墨子·明鬼下》第三十一：

> 昔者齐庄君之臣，有所谓王里国、中里徼者，此二子者，讼三年而狱不断。齐君欲兼杀之，恐不辜；欲兼释之，恐失有罪。乃使二人共一羊，盟齐之神社，二子许诺。于是泏洫，揯羊而洒其血。读王里国之辞既已终矣，读中里徼之辞未半也，羊起而触之，折其脚。

这一记载，显然与"廌"的"性识有罪"传说有联系，但是也表明神兽执法文化观念中的神兽，在战国时期还没有锁定为"廌"。

由此可知，"灋"是一个基于文化观念的演变，在释读层面被"理据重构"的文字。"灋"最初只是"废"的本字，由于"神判"观念的出现，"廌"这种有角兽被赋予了"性识有罪"的灵异之性，"灋"的造字意图，也因此被重新解释为"刑法"之"法"的本义。由此，我们可以对中国古代"法"的文化观念源流获得更加切合历史真实的认识。

第二节　"网"与"法"的奇妙缘分

一、以"罪"替"辜"的思维逻辑

《史记·殷本纪》中记载了这样一个故事：商汤有一次狩猎，见部下们四面张网并祷告说，上下四方的禽兽尽入网中。汤命令去其三面，只留一面，并祷告说，禽兽们，愿逃者逃之，不愿逃者入我网中。这便是成语"网开三面"的典故。当然，商汤的这一操作是有其政治目的的，因为网开三面的消息传出去后，诸侯都称赞汤的仁德可以施与禽兽，必能施与诸侯，因此纷纷加盟。然而，从这一成语典故中，我们可以清晰地看到"网"在当时人们的观念中的一种特性，那便是对猎物无所遗漏地获取。

以"网"喻"法"是中国人的一种语言习惯。例如，"天网恢恢，疏而不漏"（《道德经》第七十三章），意思是作恶的人逃脱不了法的惩处。所以这句话后来通行的说法变成"法网恢恢疏而不漏"；"昔天下之网尝密矣，然奸伪萌起"（《史记·酷吏列传序》），所谓"天下之网"，即指国家刑法；"制峻网密，有犯无赦"（《抱朴子·诘鲍》），所谓"网密"，就是刑法严密。追究这种语言习惯的由来，或许可以写一本书，因篇幅所限，下面只谈一件趣事。

在汉字发展史上，"罪"是一个有着奇特遭遇的文字。《说文》曰："罪：捕鱼竹网。从网、非。秦以罪为辠字。"段玉裁《说文解字注》在"捕鱼竹网"下云："竹盖衍"，将"从网、非"改为"从网非声"，并云："声字旧缺，今补。本形声之字，始皇改为会意字也"。在"秦以罪为辠字"下，段玉裁引《文字音义》曰："始皇以'辠'字似'皇'，乃改为'罪'。"

上述文字，乍看起来只是记载了汉字发展史上的一件小事，即"罪"这个词在用字上被秦始皇张冠李戴了，但此举的实际后果却并非只局限于影响一个字词的使用规范，它在文字系统和词汇系统中产生了一定程度的蝴蝶效应。而这种效应的发生因由，在上述文字中已可窥见蛛丝马迹，下面尝试对此做一点解读。

首先需要追究的是，在用"罪"来替代"辠"这件事上，秦始皇究竟是怎么想的，只是"以'辠'字似'皇'"就随便选了个同音字吗？应该没那么简单。众所周知，秦始皇是一个对文字十分较真的皇帝，"书同文字""焚书坑儒"都是明证，当然，不能容忍"'辠'字似'皇'"也充分证明在文字的问题上这位皇帝老儿是眼里揉不下沙子的。据此来看，选择什么样的字来代替"辠"，对这位始皇帝来说也不会是随意的。按照段玉裁的说法，"罪"本来是个形声字，是秦始皇把它改成了会意字，而许慎在编《说文解字》时沿用了秦始皇对"罪"的造字意图的理据重构，所以才将"罪"的造字本义分析为"从网、非"。据此来看，秦始皇一定是经过深思熟虑，认真琢磨了"罪"的造字意图，才会选定它来代替"辠"的。那么，为什么要作这样的选择呢？这当然要从"罪"本来的意义说起。

段玉裁解析"罪"字的构形理据本是"从网非声"，无疑是正确的。"罪"本来就是一种读音与"辠"近似的"网"，而且未必限定为《说文》所谓"竹网"（段注认为"竹"为误增字），选择它来代替"辠"除了读音类似的原因，应该还有字义的关系，不然的话，秦始皇就没有必要将其改成"从网、非"了。《说文》解释"非"曰"违也"，也就是"违背"的意思。凡不合乎准则者都可以叫作"违"。那么，与其会意的"网",在秦始皇心目中应该是与"违"正相对立的东西,或者对于"违"来说,它应该有"制服""控制""约束"之类的意义。通过梳理"网"字更早的历史,我们或许可以理解秦始皇的这种认识是怎么来的。

二、"网"之初义:克敌制胜大法器

甲骨文"网"字多见,无一例外都表示"以网捕捉禽兽"的意义。《甲骨文合集》10514:

庚戌卜,盾隻网雉,隻十五。

庚戌卜,犁隻网雉。隻八。

甲寅卜,乎鸣网雉,隻。丙辰风,隻五。

以上"网雉",就是用网捕捉野鸡。《甲骨文合集》10976:

壬戌卜,殸,贞取犬乎网鹿于麓。

壬戌卜,殸,贞乎多犬网鹿于麓。八月。

以上"网鹿",就是用网捕鹿。"网"的这种意义,在诸多甲骨文字形中得到了直观的体现:

上述字形描摹,第一个是捕鸟,第二个是捕兔,第三个是捕鱼,第四个是捕麋,第五个是捕虎,第六个是捕熊。而捕猎的工具,却都是网。被网的这些野生动物,有的善飞,有的善跑,有的善游,有的凶猛,作为猎获对象,各有绝技傍身,都不是善茬,然而一旦触网,都只能束手就擒。由此可知,就字源的造字思维来看,网就是用来制服禽兽的大法器。禽兽，作为上古时代人们生存竞争中的主要征服对象，对于秦始皇这样的统治者来说，自然可以用来类比同样成为主要生存威胁的违反律令法制的人和事——即"非"，而与之相对应的"网"自然也可以类比"非"的对立面——"法"，表现在造字理据上，"罪"以"网""非"会意，自然是再合适不过的。值得注意是，秦始皇放飞的这只蝴蝶，在当时乃至以后的汉字演变发展中引发了若干连锁反应："网"这个字符，乃至从"网"得义的一些字，都衍生出了不同以往的意义内涵。

三、秦始皇改字的蝴蝶效应

"罢"，《说文》曰："遣有罪也。从网、能。言有贤能而入网，而贳遣之。《周礼》曰：'议能之辟'。"所谓"遣有罪"，就是放遣有罪之人；"言有贤能而入网，而贳遣之"是对"遣有罪"的进一步解释，意思是有贤能的人进入法网而赦免放遣之；所引《周礼》的"议能之辟"，是说商议关于有才能者的刑法。而"从网、能"的造字本义分析，则是以"网"表示"法"，以"能"表示贤能者。很显然，"罢"字后世通行的"罢免"之义，与《说文》的此种解释是可以无缝对接的。然而，"罢"字原本的意义却并非如此。甲骨文中即有"罢"字，即上举第六个上"网"下"熊"的甲骨字形，从卜辞辞例看，绝无"遣有罪"的意思，只是用作人名或地名，而其造字意图，当为熊被网住因而疲困。《睡虎地秦简·法律答问一百三十三》："罢癃守官府"中的"罢癃"指腰曲背驼的残疾者，则其"罢"字意义还是本义的一种引申。

"詈",《说文》:"罵〔骂〕也。从网从言。网皋人。"其中"网皋人"一句,诸家多认为有脱误,段注直接将其删除。骂人是一种不合法规的行为,所以"从网从言"会意也是非常容易理解的,"网"就表示"法网"。然而,这又与"詈"字原初的意义并不相同。"詈"最早见于清华简《楚居》,其辞例为"詈由四方",根据语境,释者或读"詈由"为"历游"。更有学者考虑上古文献语言习惯的因素,将其读为"盘游"。《尚书·五子之歌》中有"乃盘游无度,畋于有洛之表,十旬弗反"。而"詈"中的"言",疑纽元部;"盘",并纽元部。"由"和"游"都是喻纽幽部。所以"詈由"可读为"盘游"。"盘游"是连绵词,又可作"游盘",如《文选·西征赋》:"厌紫极之闲敞,甘微行以游盘。"显然,不管是读为"历"还是读为"盘",都与《说文》所谓"罵(骂)也"毫无关系。

"骂",《说文》:"詈也。从网马声。"徐锴《说文解字系传》曰:"谓以恶言加,网之也。"其中"网"自然也表示"法网"。然而,此前的"骂"也与"恶言相加而入法网"毫无关系。"骂"最早见于《侯马盟书·一八五:一》,其辞例为:"骂顝(没)□之身及丌(其)孙=(子孙)。"可见,这时的"骂"只是个人名。从文献用字来看,"骂"的后世通行意义,大体出现在汉代以降,《战国策》虽有"箕踞以骂"(燕策三)的文例,但根据学界共识,该书资料虽来自战国,成书却在秦后。所以,"骂"的"詈也"之义,亦属后世的"华丽转身"。

诸多从"网"之字的意义变化，与"罪"字的身份转换，不管是从字义联系上还是从时间对应上看，都有显而易见的关联性，因此，我们有理由认定，秦始皇易"辠"为"罪"的做法，影响的并不仅仅是这两个字本身。"罪"本义是"网"，表意的偏旁也是"网"，从秦始皇改变它的构字理据来看，就是把"网"这个字符与"法"这个概念实现了对接。于是，诸多以"网"来构形的字，也就与"法"扯上了关系。可以证明这种逻辑的还有以"网"为词素的词语："法网""刑网""极网""宪网""峻网""周网"……这些双音词中的"网"都是"法"的同义词，而从文献用例来看，它们出现的时代，也都在秦以后。

"极网"谓最重的刑罚。例如，《陈书·傅縡传论》："萧济、睦琼，俱以才学显著……傅縡聪警特达，并一代之英灵矣。然縡不能循道进退，遂置极网，悲夫！"

"宪网"指"法网"。例如，《魏书·田益宗传》："若臣罪有状，分从宪网；如挑符是谬，坐宜有归。"又如，《南史·孔琳之传》："夫三代风纯而事简，故罕蹈刑辟；季末俗巧而务殷，故动陷宪网。"《宋史·刑法志二》："尧舜之时，四凶之罪止于投窜，先王用刑，盖不获已，何近代宪网之密耶。"

"峻网"是指严密的法网。例如，唐高宗《详定刑名诏》："姬训夏法，峻网备于三千；秦革周科，深文加于九族。"

特别值得一提的是老子所言的"天网"。"天网"虽然可以与"法网"同义，但是在老子"天网恢恢疏而不漏"的语境中，它却并非"法网"的同义词，其变身为"法网"的另一种表述，同样是秦汉以后。可见秦始皇的改字，对语言思维也同样产生了影响。

秦始皇这次改字之所以能够引起连锁反应，显然与皇权的力量不无关系。这一改字行为实际是始皇帝确立自己权威的一系列举措中的一个有机组成部分：为了强调自己比以往任何一个帝王都伟大，他把"皇"字变成自己的专称；为了让这个"皇"的伟大深入人心，又将这个与"皇"形似的"皋"打入冷宫。这样一改，足以让"皇"更加声名大振。不言而喻的是，在当时，这个改字的命令一定是每个写字人都必须知晓的，因为谁都不愿意因为写错一个字而脑袋搬家。如果按照今天的方式来处理，这道改字政令不仅会作为最新法条公布，而且一定会上热搜，进而成为人尽皆知的重要信息。也就是说，这一由政令推动的关乎文字理据的以"网"为"法"的思想，一定会迅速演化为社会共识，所以它波及当时乃至后世语言文字系统中相关字词的演变，也就没有什么可奇怪的了。

第三节 "寸"的法度由来

一、"寸"与"法"的纠葛

在汉字的构形系统中，与"法"发生关联者除了"网"，还有"寸"。前文论及"射"字，说到"射"中之"寸"的意义是"法度"，"寸"的这种意义其实至今还留存于我们的语言中，比如"分寸"一词，指说话或做事的适当标准或限度，"注意说话的分寸"，这里的"分寸"，其实是"法规"的同义词。"分寸"的这种意义，也可以说成"尺寸"。《韩非子·安危》曰："安术：……五曰，有愚智而无非誉；六曰，有尺寸而无意度；七曰，有信而无诈。"杨朔《三千里江山》第十五段有这样一句话："其实这根尺最公平，最合理，起码的尺寸就看你能不能为人民做点事。"其中"尺寸"与"分寸"完全同义。

"寸"作为一个长度单位如何能够表示"法度"？回答这个问题，需要回看一下"寸"字的前世今生。

"寸"的出现时间并不很早。根据目前我们掌握的文字资料，先秦时代，"寸"字并没有在文献用字中现身。可以确定的"寸"字，见于睡虎地秦简，《杂抄》9 有"八寸"的辞例，"寸"在其中明确表示一种长度单位。在此之前，先秦文字中出现过一些看似是"寸"的字或者偏旁，如西周金文"郑虢仲簋""穌簋器"等器铭的"又"字写作；战国"长陵盉""兆域图铜版""公朕右师鼎"等器铭的"又"字写作；"中山王䵼鼎""中山王䵼方壶"的"又"字写作。这种很像"寸"的字，实际是"又"字，只不过是在"又"形下方加饰笔，遂与"寸"字同形，然并非同字。另外，甲骨文有、字，字形也是在"又"下加短画，貌似是"寸"，但实际是在手肘部位加一指示符号，乃是"肘"字。到了秦汉时期，"寸"字出现了，因为它与"寸"字形近，故加"肉"为义符，以示区别。值得注意的是，在"寸"字出现前，"寸"这个词是用"尊"来表示的。如战国时（公元前344 年）《商鞅方升》铭文："十八年，齐遥（率）卿大夫众来聘，冬十二月乙酉，大良造鞅爰积十六尊五分尊一为升。重泉。""十六尊五分尊一为升"的意思，就是说方升的容积是十六又五分之一立方寸，"尊"表示的就是"寸"。

"寸"本是一个长度单位，也可以得到《说文》的证明。许慎解说"寸"字曰："十分也。人手却一寸动脉谓之寸口。""十分"就是一寸，这是解释"寸"的字义，"人手却一寸动脉谓之寸口"，意思是手腕后一寸的部位，即中医上称作"寸口"的穴位。这是解释"寸"字的构形，用具体的"寸口"距离手腕的长度，来表示"寸"这个抽象的长度单位。然而，"寸"在充当表义偏旁时，《说文》的解释通常是"法度也"，比如我们讨论过的"射"字。不妨再举几个例子。

"冠"，《说文》曰："縈也。所以縈发，弁冕之总名也。从冖从元，元亦声。冠有法制，从寸。""縈"是"卷"的意思，"縈卷"就是卷束头发，这是古代的冠与今天的帽子在物质形制上的差别。"冖"是从上往下覆盖的意思，"元"是人的头，所以"从冖从元"就是戴在头上的意思。最值得注意的则是"冠有法制，从寸"一句。古人戴冠，有着严格的礼法规定。对于《说文》的这句话，桂馥的《说文解字义证》引用了《尉缭子》加以疏解："天子玄冠玄缨，诸侯素冠素缨，大夫以下，练冠练缨。"显然，不同等级的人，必须戴不同形制的冠，而这种礼法规定，在小篆"冠"字的构形理据中就是用"寸"这个偏旁来表达的。

"寺"，《说文》曰："廷也。有法度者也。从寸之声。"所谓"廷"就是官署、衙门，自然是个讲法度的地方，所以从"寸"。

"守"，《说文》曰："守官也。从宀从寸。寺府之事者。从寸。寸，法度也。"所谓"守官"之"守"，就是官吏的职守；"寺府之事"就是衙门的职事，这自然需要坚守法度，而小篆"守"字构形对此的表达，就是"寸"这个偏旁。

"封"，《说文》曰："爵诸矦之土也。从之从土从寸，守其制度也。公侯，百里；伯，七十里；子男，五十里。"这里说的是分封诸侯土地，要"守其制度"。"从之（义为去往）从土"，是诸侯去往封邑之土地的字形表达，段玉裁《说文解字注》在"守其制度"句下曰："此说从'寸'之意，凡法度曰寸。"

"辱"，《说文》曰："耻也。从寸在辰下。失耕时，于封畺上戮之也。辰者，农之时也。故房星为辰，田候也。"所谓"从寸在辰下"的意思，即是否不误农时要按法度赏罚；"失耕时，于封畺上戮之也"，就是若有人失误农时，就在封土上羞辱他。段玉裁《说文解字注》在"从寸"下注曰："寸，法度也。"

值得注意的是，《说文》以上释字，都是基于小篆构形，并不符合古文字字源："冠"字甲骨文作 🔲，下为"元（人的头）"上象冠形；"守"字金文作 🔲，从宀从又，会守护屋室之意；"封"金文作 🔲，从又从土从丰，会手植树木以为地界之意；"辱"字《郭店》简老子作 🔲，从辰从又，会手持蚌蛤农作之意。那么，是不是以上《说文》的释字都是错的，不足以支撑我们的讨论呢？答案是否定的。首先，《说文》的释字，有着汉字构形演变发展实际状况的依据，所有这些字，秦汉以后都从"寸"而不再从"又"，如果认为今天我们写这些字都必须把"寸"改成"又"才对，无疑是荒谬的。其次，"理据重构"，是汉字构形发展中的常见现象，而以上诸字由从"又"到从"寸"的演变正是典型的"理据重构"，而且这种"理据重构"不是个别现象，而是系统发生的，这充分证明这种演变是符合逻辑的。基于以上理由，可以认为，通过对汉字发展史的真实演变轨迹的分析，特别是从文化蕴含研究的角度来看，《说文》的这种释字非但不能视之为谬误，相反却是具有特殊认识价值的。

二、以"寸"为"法"的底层逻辑

本表示长度单位的"寸"为什么会有"法度"的意义？原因可以从文化环境的影响和汉字构形的内在演变规律两个层面去分析。先说前者。

对于长度的认识和把握是人类生存的基本条件之一，因此，长度的概念以及把握长度的手段在人类发展的各个历史阶段都是不可缺位的。但是，中国历史上首次明确为长度单位立法的却是距今 2 000 多年的秦始皇，也就是众所周知的统一度量衡之举。公元前 221 年，秦始皇统一六国，结束了战国时期的混乱政局后，为了巩固中央集权统治并发展经济，他采取了一系列的改革措施。统一度量衡就是他的一项重要改革。他用当时的最高法令形式——"诏书"颁布了秦国的度量衡制度，同时废除其他各国的相应制度。

　　为什么为度量衡立法的是秦始皇，而不是此前的商汤、周文武王，乃至齐桓公晋文公之流？其实，这是人类社会发展进程所使然。简单点说，到了秦始皇时期，为了保证社会运行，对度量衡的把握，就需要法来保障。这可以用秦始皇的另一项新政"车同轨"来证明。"轨"字本义为"车辙也"（《说文》），所谓"车辙"，就是指车子两轮间的距离。两轮之间距，为什么要受到特殊的法律限制呢？这是因为这个间距的统一，有利于交通的畅达，特别是在中国实现大一统，疆域大幅度扩展之后，更是国家统治得以实现的重要保障。

　　秦始皇统一度量衡的诏书全文是："廿六年，皇帝尽并兼天下诸侯，黔首大安，立号为皇帝，乃诏丞相状、绾，法度量则不一歉（嫌）疑者，皆明一之。"（见下图）这篇诏书的颁布，意在覆盖全国用于度量衡的器物，根据目前的发现，它们或在权、量（权即秤锤，量即升、斗）上直接凿刻，或直接浇铸于权、量之上，更多的则是制成一片薄薄的"诏版"颁发各地使用，后者就是《秦诏版》。其实，早在一百多年以前，战国时代的秦国就致力于度量衡的统一规范，前文所举《商鞅方升》铭文"大良造鞅爰积十六尊五分尊壹为升"即是明证，这篇铭文是用"尊"表示"寸"的，而关于量器升的容积，就是以"尊"即"寸"这一长度单位来描述的。足见在当时的度量衡系统中，"寸"是最主要的长度单位。或者可以这样说，秦始皇统一度量衡的大法，很大程度上就是以"寸"这一长度单位为载体而通行于天下的。《秦诏版》作为一种需要覆盖全国所有权量器物的法令文书，在颁布法令的当时，成为一种被海量复制的实物文字材料，以至今日，我们仍然可以目睹大量这种两千年前的文物。容庚先生撰有《秦金文录》一卷，整理、鉴定诸家所藏可信秦拓本，有权四十四器、量十六器、诏版二十一器。由此可知，当时人们在被这样强制"普法"的环境中，在观念里就"寸"与"法"建立起联系，是非常自然之事。于是在文字书写使用中，便会有意无意地赋予"寸"以"法度"的意义。

秦诏版

从汉字构形演变发展的规律来看，"寸"的法度意义的出现也是很自然的。汉字是表意文字，表意文字的构形创制，难免要处于一种两难的境地：从记词的要求来说，由于与字形对应的词义总有极其丰富的内容，所以要求字形最好也能以同样的丰富性与之对应。但从文字认知记忆和书写便捷的要求来看，过多的文字构形单位不免增加记忆的负荷，过于繁复的文字形态势必影响认读与书写的效率，于是发出（书写）与接受（识记）两极之间产生了深刻的矛盾。而解决这一矛盾的方法之一，就是选择相对简洁的有限文字构形作为基本的构字表义单位，并赋予其较多的意义内容。很显然，在文字构形系统的这种筛选中，"寸"是最容易得到青睐的字符。"寸"与"法度"义的内在联系，前文已说，不必赘言。从构形上看，"寸"的笔数少，形态上易于空间压缩，正是构字成分的理想字符选择。不妨将其与"轨"作一个比较。"轨"本义为"车辙"，由于秦始皇"车同轨"的法令，"轨"也具备了充分的法令意义，故其字义引申，则可表"法也、则也"。所以不遵守法度便被说成"越轨""不轨"。仅从意义上看，作为表"法度"意义的构字偏旁候选字符"轨"与"寸"，至少具有同等资格，但是最后入选的是后者而不是前者，原因就在于"轨"在构形上不合格：它是合体字，构形繁复，因此要充当构字成分，远远比不上独体的"寸"来得更合适。

值得特别指出的是，"寸"与"法"的关联与"法"字的华丽转身，以及"网"变身为"法"一样，都是后起的文字变异现象。而这种文字的变异，又都是由背后的文化环境变异所造就的："法"的理据重构，是"法"在现实生活中日趋重要的现象而促成的"旧瓶装新酒"；"法"作为"网"的一种新义的发生，又是与"罪"作为一种网名，被王令贬斥为"辠"名相联系的。

第三章

"宀"里的生存法则

近来经常有人讨论哪个偏旁部首收字最多的问题，常见的回答有"人""氵""又""艸""马"等。这些回答不乏一定的依据，但却不符合早期汉字构形系统的实际情况。我们调查了时间跨度自殷商至战国商周金文的偏旁出现数，发现俗称"宝盖头"的"宀"出现频率最高：一共出现 5 345 次，比一般认为最常见的偏旁"人"（出现 5 048 次）"又"（出现 5 042 次）在金文中的存在感更胜一筹。① 这个事实表明，"宀"是一个最适合表达造字思维的字符。因此从中探究造字者的观念意识，有着很大空间。

第一节　"宀"中的宇宙意识

在早期汉字的构形系统中，"宀"不仅具有首屈一指的存在感，而且有着极其丰富的意蕴。

一、生存空间的建筑限定

"宀"是汉字的基本字符，甲骨文中就反复出现二十多

---

① 详见《商周金文构形类纂》，引自刘志基主编：《商周金文偏旁谱》，上海：上海辞书出版社，2023 年。

次，均象"一极两宇两墙之形"的传统居舍建筑：

根据"宀"在甲骨卜辞中的用法，于省吾认为它就是宅舍之"宅"最初的写法，甲骨文也有"宅"字，但是在甲骨文中只用作动词表示"居住"，因而不同于后来的"宅"①。值得注意的是，甲骨文的"六"字多与"宀"同形：

有的学者据此认为甲骨文"宀"应该是表示房舍的"庐"，因而可以借其音表示"六"（"六"之古音与"庐"近，如"六安"之"六"即音 lu）。虽然这个意见并无定论，只可备一说，但还是有益于我们理解"宀"的造字本义。

甲骨文中的"宀"，对于当时的人来说，究竟有什么意义？考古发现可以帮助我们获得符合实际的认识。在殷墟除了发现许多宫殿建筑的遗址外，还发现了不少供人居住的地穴。"在殷墟发现的这种地穴，呈圆形竖井或长方竖井的形式，比储藏物品的地窖稍大而浅，但是仍然十分狭窄，更没有任何修饰，有的穴壁还留有挖掘工具的痕迹，上面挖有许多脚窝或台阶，以供奴隶们上下。"② 这就说明，殷商时代并

---

① 于省吾：《甲骨文字释林》，北京：中华书局，1979 年，第 344—347 页。

② 河南省安阳市文化局编：《殷墟——奴隶社会的一个缩影》，北京：文物出版社，1976 年，第 16 页。

没有完全脱离原始的穴居生活，而藏物更是多用地窖，就连甲骨文这样重要的殷王室档案文件，也都是储存在地窖里的，当然这也是它们能够保存下来，历经 3 000 多年而被我们从地下发现的原因所在。

穴居的印记，甲骨文中亦不鲜见。卜辞中表示上下的"陟降"二字，甲骨文写作：

左边的"阜"就是居穴中的踏级形象， 是两脚沿踏级而上， 是两脚沿踏级而下。考古发掘所发现的史前居穴，或"从底部竖一木柱，直通穴外，有横木捆绑，供人上下坑攀登"，或"为斜坡台阶以供上下进出之用"。[①] 可见"阜"字取象确有实物的依据。

卜辞中表示"来去"的"各出"二字，甲骨文写作：

前者描摹的是人足（）入于 内，后者描摹的是人足自 而出的形象。人们的来去出入既然都以""为出发点或者目的地，足见其为人们的居处之所无疑。而""的形象，则又显示造字时的民居多为掘地而成的地穴。

徐中舒主编《甲骨文字典》所认定的基于穴居的甲骨文

---

① 上海师范大学古籍整理研究所编：《中国文化史词典》，杭州：浙江古籍出版社，1987 年，第 13 页。

造字颇多，如："高"，原形作𩫖，象高地穴居之形。冂为高地，口为穴居之室，介为上覆遮盖物以供出入之阶梯。高之得义，由穴居之高引申，非由后世之台观得义也。

"京"，原形作𩫰，下端𠁡正象绝高的穴居，中有立柱之形，上端介象自深穴上出有土阶及小屋顶覆盖之形。

"亯"，原形作𠅛，象穴居之形，下为所居之穴，上为穴旁台阶以便出入，其上并有覆盖以免雨水下注。居室既为止息之处，又为烹制食物飨食之所，引申之而有飨献之义。

居住之所由地下上升到地上，是人类居住文化的一次重大变革。《淮南子·泛论训》对此有如下阐述："古者民泽处复穴，冬日则不胜霜雪雾露，夏日则不胜暑热蚊虻，圣人乃作，为之筑土构木，以为宫室，上栋下宇，以蔽风雨，以避寒暑，而百姓安之。"而这种文化的进步，正与汉字早期的造字过程同步，"宀"的构形，不仅是简单的居舍形态描画，更昭示了宜居革命的伟大胜利。

由此，我们可以明白，甲骨文中为什么经常要占卜"乍（作）宀"：

丁卯卜。乍（作）宀于兆。丶勿乍宀于兆，四月。（合集 13517）

辛未卜，乍（作）宀。（合集 22246）

辛未〔卜〕，乍（作）宀。（合集 22247）

殷王占卜之事，一定是他所关注的，而一次次"作宀"之卜，则一定是当时一次次重大建筑工程的启动。而这种工程，不仅是"作宀"。如下甲骨文从"宀"字足可证明这一点：

《合集》34687 第 1 条："己亥卜，其𠆥 若？"第 2 条："己亥卜，其𠆢 若？"𠆢象茅草覆盖"宀"之形。《合集》14250："甲午卜，㱿贞：祖𠆥。"𠆥字是于𠆢上又加二爪（手）字，象以两手持茅草覆盖"宀"之形，是𠆢、𠆥字之繁构，此字被释为"茨"。《说文》："茨，以茅苇盖屋。从草，次声。"卜辞"其茨若"，就是卜问新建房屋要盖顶的工程是否顺利。"茨祖……"则是指修建某祖先宗祠时覆盖屋顶之事。

《花东》甲骨文第 502 片第 3 条："𡴀 于南。"第 4 条："于北。"𡴀字从"之"从"宀"之字，被认为是"臺"字。小徐本《说文·至部》"臺，观四方而高者也。从至，高省，与室、屋同意。之声。"段玉裁注本从之。𡴀字从"之"得声从"宀"得义，当即"臺"字。可知当时在地面建筑出现的基础上，已经有了高台，《花东》502 片就是占卜要将高台建在南面还是北面。

《花东》甲骨文 416 片："甲午：征𠆣丁㱿官。 用。"𠆣，其下为"宀"，其上为"又"持"戉"（一种工具），有学者认为，整个字象手持戉这种工具对宀类建筑开展的一种行为。可看作是一个会意兼形声的字，其中的戉可兼表声，因此就是文献中表示修缮、修筑意义的"完"字。卜辞意为修缮（或修筑）位于𢀛地的武丁馆舍。

甲骨文中频见关于地面建筑的占卜，自然是因为此事与人们生活密切相关，而基于这种文化土壤，"宀"在汉字造字本义的表达中也生成了林林总总的意蕴：安宁之所、富足依凭、珍宝象征、福祸所依、守卫对象、生存空间……可谓多姿多彩，目不暇接。

二、"宀"的造字多义阐释

1. 安宁之所

地面居舍建筑的出现，直接导致"百姓安之"的生存状况，也大大丰富了人们的文化观念。这些都呈现于"宀"的构字中。"安"字甲骨文写作：

写作"从女在宀下"，而女形之中或旁边又多出一笔，之所以多出这一笔，大概是因为甲骨文中还有一个"从女在宀下"的字：𡧘。但此字并非"安"，而是"宾"字，为了与这个𡧘相区别，"安"字才在"女"旁边加上一笔。卜辞曰："癸酉卜，争，贞王腹不𡧘（安），亡征。"（合集5373）这是卜问：殷王腹部不安适，病情会不会延续。其中的𡧘用的就是"安"字本义。而其造字意图，则描摹了一名女子居于"宀"中，女子体弱力单，容易为外界自然力所伤害，而居于"宀"中，则得平安无恙。显然，"安"的造字意图充分展示了"宀"式建筑给予人们的庇护和恩惠。

"安""定"常可同义连缀，而"定"的造字意图又与"安"字相类，《说文》曰："定，安也。从宀从正。"这一解释释义准确，析形有误。"定"字在古文字中又可从宀从丁，写作 （侯马盟书），古文字"正"本从"丁"得声，由此可证"定"中的"正"也是表音的偏旁。战国文字"定"还可以在从宀从正的形体上再标注表音字符"丁"，写作 （古玺汇编3061），这些表明当时以"正"表"定"字之音或已不太准确，故再加注"丁"这一声旁。这些都表明："定"字的"安也"本义只是由"宀"来表示的。甲骨文"定"写作 ，用作地名，本义未显。而春秋时代的蔡侯镈之"定"（原形作 ）则确切已用"安也"之义："天命是遹，定均庶邦。""遹"读"将"，表示"遵奉"，"定均"之义则为"安定调和"。与"定"类似，仅以"宀"表"安"义的字还有"宴""宓"等，可见在造字者的心目中，"宀"（地面的民居建筑）已成为他们安居保障的象征。

2. 富足依凭

安居的具体内涵，离不开富足与好运，而这类意义，也是"宀"在构字中所具有的。"富""实"二字颇可一说：

"富"，《说文》曰："备也。一曰厚也。从宀，畐声。""备也""厚也"都是丰富之义，而表达这种意义的只是"宀"，中山王䇜鼎："母（毋） 而乔（骄），母（毋）众

（众）而嚻。"其中 𪔵 即"富"字，从宀，畐声。"毋富而骄"，就是富了不要骄横。

"实"，《说文》曰："富也。从宀，从贯，贯，货贝也。"《说文》析"实"字之形，与其初形不合，西周金文散盘"实"字作 𪔵 ，从"宀""周""贝"。"周"，是"琱"的本字，象琱玉之形，贝则古以为币，它们与"宀"一同，会富足之意。对于《说文》"实"的析形，有人认为是财货充实于室内的意思，如《说文义证》引《六书故》："贯盈于内，实之义也。"然而，《说文》的释义明明是"富也"，即今日"殷实"，《国语·越语下》"府仓实，民众殷"，可证"实"中之"宀"犹"富"之"宀"，富足之义当无可置疑。

3. 珍宝之最

地面居舍既然具有如此价值，则不免格外受人珍视。于是"宀"作为表义偏旁，又有"珍宝"的意义。"宝"字初形颇多异体，甲骨文写作：

以"宀""贝""珏"构成，"贝"和"珏（珍贵玉器）"都是当时的珍宝，它们的珍贵性，自然并不因其放置于居舍之内还是之外而受影响。因此，"宀"也同样是用来表达"珍宝"之义的。甲骨文"宝"用作人名，但是殷商金文"宝"字却尽用"珍宝"之本义：

（賣尊） （乃孙作祖己鼎）

賣乍（作）父癸宝隤（尊）彝。（賣尊）

乃孙乍（作）且（祖）己宗宝。（乃孙作祖己鼎）

"宝尊彝"，就是珍贵的祭祀器物，"宗宝"即置于宗庙中的祭祀宝器。 而其"宝（寶）"字构形，除了表义的"宀""贝""玉"外，还增加了表音的"缶"，一直传承至后世通用的繁体字。《说文》："宝，珍也，从宀，从玉，从贝，缶声。"《说文段注》对《说文》析形的解读是："玉与贝在屋下。"仔细斟酌，玉与贝这种珍宝，并不只是在屋下才成为宝贝的，因此《说文》"从宀，从玉，从贝"之说，是以最具珍宝属性的三物来表达"宝"字本义的。

4. 福祸所依

"福"字构形，西周春秋金文有从"宀"之形体，或从"宀""福"声，或从"宀""祵"声：

（王伯姜鼎） （邾大宰钟） （黄子壶）

"王伯姜鼎"铭文为："王白（伯）姜乍（作）季啟（姬）（福）女隤（尊）鼎。"为人名。邾大宰钟："用□夒（眉）耆（寿）多福（福），万年无彊（疆）。"此"福"之义确为祸福之"福"。黄子壶："黄子乍（作）黄父

81

（夫）人行器，彶（则）永祜窟（福）。"此"窟"之义亦祸福之"福"。

无独有偶，与"福"同义之"祜"，亦多从"宀"之形：

（黄君孟鼎）   （黄子盉）

而其辞例，皆为"则永祜福"。祜福之字，本以关涉神灵的"示"为表义偏旁，而以"宀"替换"示"来表义，无疑呈现了造字思维中"宀"与"福佑"的联系。基于这种联系，我们更容易理解"宀"与灾祸的联系。甲骨文"灾"有多种形体，其中一款，即为从"宀"：

"□□〔卜〕，□，贞不唯胇（孽）。"（合集7996）从火、宀会意，即灾害之"灾"。"不唯孽"，谓"不会有凶咎吧？"

5. 守护对象

"守"字古文字从"宀"从"又"（"又"或加饰笔）写作：

"又"为人手，乃所以守者，而"宀"则为被守的对象。这又表明，在造字者的眼里，居所建筑才是最应加以守卫的。殷商西周金文之"守"多作族名或人名，其得名是否与"守护"有关已难稽考。而春秋时"侯马盟书"之"不守二宫"，战国"守丘"刻石之"守丘"（即"守墓"），"守护"之义则无可置疑。

与"守"形成对照的，则是"寇"字。甲骨文作

象盗寇手持干梃入于"宀"内抨击行凶，其中小点，或象室中什物遭击打而狼藉形。卜辞曰："气至六日戊戌允业〔来媱〕，有 (寇) 才曼。"（《合集》583 反）这条卜辞是说：六日以后的戊戌日果然发生了外来灾祸，贼寇出现在曼地。西周及以后的金文"寇"字除了用其本义外，多用为官名"司寇"之"寇"，而此"寇"之义也即贼寇。字形方面，"宀"下的人由贼寇变成了受害者，写作：

或从人从攴，或从人从戈在"宀"下，象人以暴力强入"宀"内，见强取之意。可见寇之祸患最集中的表现就是将人从"宀"中驱赶出去进而将他人之"宀"据为己有。

6. 生存空间

从"宀"之字又多有"无所不包"类意义：

察	完	宋
（察）	（完）	（审）

"察"，《说文》"覆也。从宀、祭。"《说文解字系传》改为："从宀祭声"。非常正确。"覆也"是覆盖，即无所不包，而表达其义的字符则是"宀"，由此来表达其"明察洞悉"之义。《睡虎地秦简·秦律一百二十三》："自二日以上为不䆜（察）。"有人这样解释《说文》的训释："覆之义引申为自上审下，察义亦然。"（郑知同《说文商议》）然而，"自上审下"之说不可信，因为它无法解释其他从"宀"之字。

"完"，《说文》曰："全也。从宀元声。""完全"之义，仅用一个"宀"来表达，其实与"察"以"宀"表示"覆也"没什么不同。又有"审"字，《说文》曰："宷，悉也，知宷谛也。从宀、采。宷，篆文宷，从番。"《说文解字系传》说得更加明白："宀，覆也；采，别也。能包覆而深别之。"换言之，"从宀、采"的意思就是把一切（宀）都辨别（采）清楚了。

"宀"之所以有无所不包的意义，或许与古人把自然天地定义为一所大房子有关。《淮南子·览冥训》曰："往古之时，四极废，九州裂，天不兼覆，地不周载，……女娲炼五色石以补苍天，断鳌足以立四极。"所谓"极"，就是房屋的梁柱。可见，古代神话中所描绘的人类远古惨祸，不过是自然界这所大房子的轰然倒塌而已。因而世间一切，也都成了"宀"中之物。

值得注意的是，"审"的甲骨文金文字形与小篆有别：

（甲骨文）　　　　　（金文）

卜辞曰："壬辰……🔲（宋）焚……取。"（《合集》10678）因辞例残缺，"审"字之义待考。而西周五祀卫鼎铭有："余🔲贾田五田。"其中的 🔲，当释为审，较之 🔲，🔲 只是在其构形上加"口"，这种情况是古文字演变的通例，故两字确为一字。从甲骨文寀字构形来看，此字实像"宀"中存米形。对此构形意图，或有如此解说：室中存米数量有限，主人应是清楚的。如果此说准确，则当时"审"中的"宀"还是用其质朴的本义。以后随着人们思维的演进，"宀"被演绎出"生存空间"的意蕴，故又将"米"改换为"釆"，升级了"审"的构字理据。联系"察""完"诸字都相对后起来看，这恐怕是符合历史事实的。

7. "宇""宙"时空

在我们现代人的观念里，"宇"是一个无限空间概念，如"宇航"，是指漫游太空，"宇内"，说的是全天下。当然这种概念也是从古人那里传承而来的。《淮南子·齐俗训》："四方上下谓之宇"，这与我们今天对"宇"的理解基本一致。然而，观察"宇"字构形，我们却可发现，"宇"字的表义符号只是"宀"，"宀"在汉字中表示房屋建筑，故"宇"字本义乃是"屋边"（《说文》）。所谓"屋边"，也就是"屋檐"。话说到这里，我们便不得不面对这样一个问题：我们的祖先为什么会用本仅表"屋檐"的"宇"去表示无限的自然空间？

一般来说，"宇"字的本义"屋檐"与其后起义"无限时空"，是具有某种联系的："屋檐"是人工建筑的边缘，可以将建筑空间界定下来而成为其代表。然而要真正理解先民用建筑空间的名称去称呼无限自然空间的奥秘，则须探究人工建筑对人类生存的影响。

早期人类生存于世，只是简单地适应自然环境。在居住方式上，人类最初模仿动物栖身于山涧洞穴，或在树上构筑居巢，因此不免要遭受自然界风霜雨雪的侵袭和猛兽蛇虫的祸害。关于这种痛苦的感受，早期文献中不乏记载。《淮南子·泛论训》："古者民泽处复穴，冬日则不胜霜雪雾露，夏日则不胜暑蛰蚊虻。"而这种情况的改变，则须依赖人工建筑的出现："圣人乃作，为之筑土构木，以为宫室，上栋下宇，以蔽风雨，以避寒暑，而百姓安之。"正因为如此，如前文所述，表示"安全""安宁"之类意义的汉字多以"宀"充当表义符号，如"安""宁""定""宴"等。当然，建筑对先民的庇护，还包括抵御同类中敌对势力的侵扰，如"守卫"之"守"，其中的"宀"，既是守卫的对象，更是守卫的屏障。正是这种与自然力及敌对同类抗争的需要，激发了先民用建筑手段构成自己的生存天地的欲求。而远古社会，正如老子描写的那样，是"鸡犬之声相闻，民至老死，不相往来"的"小国寡民"世界。"小国寡民"的社会，为人们以建筑自我封闭创造了便利；"不相往来"的自然经济，又有力地引发了人们自我封闭的欲望。后世的万里长城，城市郭墙乃至村寨的土围子、木栅栏，家庭的四合院，无不是这种上古意识的物质传承。

古人既有建筑封闭的习尚，人工建筑便总与他们的生存天地相联系，所以在他们的观念意识中，自然天地无非就是一所大房子。《淮南子·览冥训》："往古之时，四极废，九州裂，天不兼覆，地不周载……。女娲炼五色石以补苍天，断鳌足以立四极。"显然，这里描绘的人类远古惨祸，不过是自然界这所大房子的轰然倒塌而已。由此可见，作为建筑边缘符号的"宇"，在先民的意识中成为自然空间的代表是完全合乎逻辑的。

在我们今天的语言中，"宙"很少单独使用，一般总是与"宇"字合在一起表示"天地万物"。但在古代汉语中，"宙"则有其与"宇"完全不同的意义。《淮南子·齐俗训》："往古来今谓之宙。"显然，与"宇"字表示无限空间概念相对应，"宙"所表示的是无限时间概念。"宙"也是一个以"宀"为唯一表义符号的汉字，与此相应，"宙"字本义则是"房梁"。房梁这一建筑构件怎么会同无限时间概念混为一体呢？这当然又是一个汉字之谜。

从建筑营造的角度分析，房梁在房屋构建中具有种种至关重要的意义：从位置上看，它在中国传统的坡顶建筑中处在最中且最上的部位；从功用上看，房梁是整个建筑构架实现其支撑房屋功能的关键部件；从建筑构架的施工过程来看，房梁的安装又是最后一环，也就是说，一旦房梁得以安置，整个建筑的构架即告完成，它的功用也就开始得到发挥了。很明显，房梁的这种性质，实际上已使之成为了民居建筑时间延续的物质承担者，这同"宙"后来产生"往古来今"的意义当然不会毫无关系，但后者也并非完全得义于此。

在古代社会中，房梁曾受到人们的特殊礼遇。在《易经》中，就有先民将房梁奉为祭祀对象的记载，《大过》："大过：栋挠，利有攸往，享。初六，藉用白茅，无咎。"至于传统的上梁仪式，更是至今尚存的一种民间习俗，我们在生活中还可以看到上梁仪式的场景。所谓"上梁仪式"，就是房屋建造时，在梁的安设这一环节中施行的一种具有祈祷、喜庆色彩的特殊礼仪。从历代上梁祝文来看，上梁仪式的核心目的在于企盼万年长久的人生幸运。如元代《大龙翔集庆寺正殿小上梁文》："伏以龙光有赫，象教方兴。式严前殿之崇，祇奉祇园之胜。上栋下宇，方缔构于良工；细桷大宋，并具材于贞干。成规斯在，愿力维弘。伏愿天相圣心，佛加神运。百里阆楯，移来天上之慈云；万岁山河，永镇人间之福地。"[①]由此可见，上梁仪式说到底不过是祝愿居住者世世代代幸运长存的一种仪式，而梁在这里则似乎具有了决定人们世世代代、子子孙孙生活境况的神奇功用。这种传统观念，显然是导致原本表示"房梁"的"宙"字产生"往古来今"这一无限时间概念意义的又一个重要因素。

以上，我们对"宀"字符的义蕴进行了多维度阐释，其结果一言以蔽之，就是人们的生存状态对建筑的高度依赖。而在这种关系构筑的空间里，礼法作为维系正常稳定状况的必要支撑是不可缺位的，而其支撑力的强度要求，亦当与时俱进。

---

① 李修生主编：《全元文》第27册卷903，南京：江苏古籍出版社，1999年，第723页。

第二节 "宫""堂"中的规则意识

一、"宫"里那些事

贾平凹在他的《人为什么都不肯死》中说过这样的话:芸芸众生把人"产生的地方叫做'子宫',好像他来人世之前是享受皇帝的待遇的。"很显然,"宫"作为一个传统的房屋建筑名称,在现代人的语言中,带有贵族气,因此它通常出现在"宫殿""皇宫"之类词语里。而在传世古书里,"宫"好像并没有那么多贵族气。《易·困》:"入于其宫,不见其妻,凶。"这里所说的"入于其宫"的人,并非皇帝,也不特指贵族,只是一般人。《尔雅·释言》也把"宫"和"室"列为同义词:"宫谓之室,室谓之宫。"《汉语大词典》"宫"字下第一个义项就是"古代对房屋、居室的通称"。

然而,就出土古文字材料来看,由贾平凹代表的今人们所表述的对"宫"的理解似乎是更加符合"宫"字初始意义的。甲骨文"宫"字写作如下数形:

字形的上部是"宀"覆盖于下,"宀"中是"𠔼"或"𠇚""吕"。罗振玉释形曰:"从吕从𠇚,象有数室之状;从𠔼,象此室达于彼室之状。"[1] 而所谓"象有数室之状"的𠔼、𠇚、

---

[1] 罗振玉:《增订殷虚书契考释》中,东方学会石印本影印,1927年,第12页。

𠤏等形，有的学者认为就是"宫"的初文。李孝定说："其省宀而仅作🈹若𠤏形者，亦是宫字。盖字之本义训室作🈹若𠤏于义已显。"（甲骨文字集释）新出的花园庄东地甲骨文有🈹字："丙卜：子其往🈹。曰又求。曰往🈹。一。"（53 片）辞中"往"是祭名，即后代之禳祭，因此有学者认为🈹就是"宫"的简体。① 而"往宫"，就是在宫里进行禳祭。

"宫"之上述构形解析，可以得到它在上古出土文献中实际用法的支持。梳理相关的古文字辞例，我们可以发现，"宫"所指的多是包含诸多屋室的王者宗庙建筑。

甲骨文里，"宫"字可用作地名。如"……贞，王其田于宫，亡灾……"之类辞例频见。殷王"田"（田猎）的这个地方为什么叫"宫"，卜辞里虽然没有说明，但是按照一般地方命名规律，是因为那里有个标志性的景观，诸如山川、河流或建筑等，于是就用这一标志性景观来命名该地。"宫"，自然属于建筑。而甲骨文"宫"是"宗庙"的建筑形式，常常被称为"公宫"。

"壬戌卜，贞才狱，天邑商公宫，卒丝夕亡𢝊，𡨄。"

（甲骨文合集 41758）

根据该辞辞例，可知"公宫"是设在"狱"地天（大）商邑内的宗庙，"𢝊"是"忧患"的意思，"𡨄"就是后来的"安宁"之"宁"字。 卜辞大意是殷王卜问这座宗庙是不是整晚

---

① 沈建华：《卜辞中的建筑——公宫与馆》，《甲骨文与殷商史》2008 年新 1 辑。

安宁无灾。论者对卜辞中的"公宫"作了进一步的解析："公"是对死去先祖的谥称。"宫"指王室宗庙，《礼记·王制》："小学在公宫南之左，大学在郊。"此"公宫"与卜辞"公宫"称谓相同，足以说明西周与殷代"公宫"建筑的承袭关系，反映了"公宫"的历史渊源至少可以追溯到商代。①

甲骨文中除了"公宫"之外还有"皿宫"，而且出现的辞例与"公宫"相类：

> "甲午卜，贞才狱，天邑商皿宫，卒［丝夕］亡猷。罜。"（甲骨文合集36541）

什么是"皿宫"呢？学者认为"古者有杀牲血祭于宗庙以降神祈福之礼俗，疑'皿宫'原是专门为祭祀前准备的迎牲屠杀取血之宫"。②"皿宫"应与"公宫"同属一个宗庙里的不同建筑。

花园庄东地甲骨资料中还有在"官"（即后世的"馆"）内祭祀的卜辞。

> "壬子卜：其祲姅庚示宫，于东官（馆）。用。"（花东490）

"祲"为祭名。"示宫"每每与"姅庚"相连，应是花东子族先祖配偶姅庚的专庙。上述辞例中的"官"字，通"馆"，即旅舍之义。以上辞例表明，"东馆"是附属在"姅庚示宫"宗庙的寝室。

---

① 沈建华：《卜辞中的建筑——公宫与馆》，《甲骨文与殷商史》2008年新1辑。
② 沈建华：《卜辞中的建筑——公宫与馆》，《甲骨文与殷商史》2008年新1辑。

在西周金文中，"宫"同样以"周王宗庙"为基本意义。唐兰先生有过一篇著名的论文《西周铜器断代中的"康宫"问题》，认同罗振玉在《矢彝考释》一文中提出"康宫"为康王之庙的看法，并对"康宫"问题进行了系统论述，确立了相关铜器的断代标准，即著名的"康宫原则"。虽然后来郭沫若等学者提出不同看法，指出"康"乃宗庙之美称，否定了"康宫"的断代意义，但是"宫"为周王宗庙，大家都是认可的。纵观西周金文中周王在"康宫"的记载，大致有如下几种情况：一种是说周王在"康宫"而某人"格（义为"来到"）太室"，如《扬簋》"王在周康宫，旦，格太室"，《休盘》"王在周康宫，旦，王格太室"。另一种是说周王在"康宫"的某宫或某太室的，如《颂鼎》"王在周康邵宫"，《克盨》"王在周康穆宫"，《寰盘》"王在周康穆宫，旦，王格太室"。王国维在《明堂庙寝通考》指出："此三器（笔者按：西周铜器望敦、寰盘、颂鼎）之文，皆云旦王格太室，则上所云王在某宫者，必谓未旦之前王所寝处之地也。"[1] 这也就是说，祖庙设有寝室，以便祭祀者次日清晨举行祭祀典礼。杨宽这样解释此种礼法："在宗庙举行重要典礼前，地位高的主人或贵宾往往留宿在宗庙里，以表示对典礼的重视。"[2]

由此可知，在"宫"这种建筑形式之内，包含着"皿宫"

---

[1] 王国维著，黄爱梅校注：《王国维手定观堂集林》，杭州：浙江教育出版社，2014年，第61—62页。

[2] 杨宽：《周代的社会结构和社会性质》，《先秦史十讲》，上海：复旦大学出版社，2006年，第192页。

"官（馆）""太室"等多种建筑样式，正与" ""
" "这些构形的造字意图相一致。

　　值得注意的是，对于 、 、 这种"宫"，学界另有
一说，曰"象两城邑相连，会和睦之意。典籍亦作'雝
（雍）'。《集韵》'雍，和也；睦也'"①。此种说法，就古文
字构形而论也是有依据的。甲骨文"丁"作 ，或谓这种构
形"象城邑之形，城之初文"②。近年有学者为此说找到了新
证，甲骨卜辞有"丙申卜，乍土丁"（甲骨文合集 21039）的
辞例，而此辞中的这个"丁"应该是"城邑"之"城"③。按
照这个意见，"宫"字之形中的"宀"所覆盖的就不是多室，
而是和睦的多城邑。这种释读意见，令我们想到西周金文
《保卣》的铭辞："于三（四）方造（会）王大祀祓于周。"
这句话描述的是周成王的祭祀大典，典礼自然也是在"宫"
中进行的。而"宫"内"大祀"则汇聚"四方"而来参与
"助祭"（即"祓"）的诸侯们。殷周邦族，是可以"邑"来
指称的，比如殷商可称"大邑商"。所以"宫"里的基本活动
"大祀"，其实也就是诸城邑（丁）的贵族们和谐共祭先祖的
活动。由此来看， 、 、 "象两城邑相连，会和睦之
意"的释读亦可通。

---

① 黄德宽主编：《古文字谱系疏证》，北京：商务印书馆，2007 年，第
1103 页。
② 黄德宽主编：《古文字谱系疏证》，北京：商务印书馆，2007 年，第
2134 页。
③ 黄天树：《甲骨卜辞中关於商代城邑的史料》，引自《黄天树甲骨金文
论集》，北京：学苑出版社，2014 年，第 218—244 页。

显然,"宫"中那些事,还有进一步探讨的空间。但是如下几点确实可以明确:"宫"是祭祀场所,"国之大事,在祀与戎",一切礼法,起于祭祀,因此,"宫"是一个讲究礼法的去处;祭祀礼法的复杂性,要求"宫"作为一种建筑形式的也具有相应的复杂性,多室构成,应是常例;祭祀之礼,家族大事,族人共聚,同奉先人,通常可以营造一个人际关系和睦协调的气氛。

二、"堂"中的伦理

聚焦汉语中的"堂",不难发现颇有一些费思量的用法:父母为什么叫"高堂"?宰相为什么叫"中堂"?叔伯兄弟为什么叫"堂兄弟"?

当然,"堂"本是一种建筑居舍(如"殿堂""堂屋"等等),要回答这些问题,还得从考察"堂"的建筑特征入手。"堂"这种建筑居舍为什么叫"堂"?"堂"字构形可以给出一些信息。

唐兰先生曾释冂为"堂"之初文,"冂象高出地面之形,……从语源来说,高出地面的'堂'应该就得义于高尚之'尚(上)'"①。唐兰的这种释读意见,可以得到冂在西周金文里用法的支持。作为赏赐物的"冂、衣"即"裳、衣","堂""裳"音近,所以前者可以假借为后者。当然,这也反过来证明,冂就是最初的"堂"。

就冂的造字本义来看,"堂"就是高出地面的建筑地基,

---

① 陈剑:《金文字词零释四则》,张光裕、黄德宽主编《古文字学论稿》,合肥:安徽大学出版社,2008年,第132—146页。

这种意义也见于先秦传世文献。《尚书·大诰》："厥子乃弗肯堂，矧肯构？"这句话的意思是儿子连房屋的地基都不肯做，哪里还谈得上肯盖房子？其中"堂"表示立堂基；"构"表示盖房子。

∩字后来被加上"八"字形饰笔作 ⿱八冂，⿱八冂 又被加上"口"字形饰符作 ⿱八向 或 ⿱八尚，就成了"尚"字。战国时代，"尚"字多可直接用来表示"堂"这个词，比如"东尚"表示"东堂"，"才尚"表示"在堂"。① 因为"尚"字本来就有"高"义，因此它可以与"高"同义连缀构成"高尚"一词。然而"尚"字既然用以表示一般的"高"，表示高出地面的"堂"的字形就需要再加"土"来表意，如战国金文《兆域图铜版》"两堂间百毛（尺）"的"堂"字作 ⿱尚土，《说文》中"堂"的古文写作 ⿸尚，正是上"⿱八冂"下"土"的结构。

联系出土文字材料来看，甲骨文和西周金文中均未见"堂"字，也没有出现"堂"这个词，可见"堂"是春秋战国后才频繁出现在我们祖先的语言交际中的。而这时"堂"的意义显然已是建在高高堂基上的房屋建筑，即如《论语·先进》"由也升堂矣，未入于室也"中需要"升"（即"登"）才能进入的"堂"。

以上面这些论说为基础，接下来就可以来解开"堂"字中的诸多奥秘了。

---

① 《清华简·耆夜》："辛公詎麇（甲）爲立（位），夋（作）策脞（逸）爲東尚（堂）之客。""口公夋（作）訶（歌）一爲（終）曰蠤=（蟋=）蟗（蟀=）才（在）尚（堂），迮（役）車亓（其）行。"

　　人是群居动物，具有社会属性，因此房屋建筑通常也是多屋室的。"堂"既然是一种建筑于高基之上，需要"升"（即"登"）的建筑，就说明它在一个建筑群落中的地位也是高高在上的。不但处于高位，而且居于正中，有个成语叫"堂堂正正"，正说明"堂"也有"正"的意蕴。当然，这还可以由其他房屋居室的名称得到证明。由"升堂矣，未入于室也"的孔子名言，可知"堂"的位置是在"室"前面。古人观念中的"室"是个什么所在呢？

　　《说文·宀部》："室，实也。从宀，从至。至，所止也。"按照许慎的这个说法，"室"是个由"宀"和"至"会意而来的字（实际上"至"是兼表音的），而"至"表示的就是"止息"。房屋本来就是供人安息的，而"室"的造字表明，古人眼中正牌的安息之所乃是"室"。

　　"堂"的后面是"室"，而"堂"的两边，则称为"房"。《说文》曰："房，室在旁也。从户方声。""房"字以"户"来表义，"户"字甲骨文写作𢇈，为单扇门的形象。字义则与字形相符，所谓"半门曰户"（《说文》）在古人的居宅之中，主要的屋室设双扇的门，而次要的居舍则设单扇的户。故"房"字从"户"得义，表明"房"的地位是从属性的。值得注意的是，"室在旁"之"旁"和"房"均以"方"为声，从语源学理论来看，它们都是同源词，换言之，因为"房"有"旁"的特点，人们在为"房"这词命名时，才赋予其与"旁"相同的语音（在上古音中"房""旁"皆属"并"母"阳"部）。

"堂"前则有"廷"。严格来说，"廷"本身不是房屋建筑，而只是"堂"前的露天场所，依然是依附于"堂"的，人们聚集起来参与典礼或议事时，尊者居堂上，众人则居于"廷"，所以《释名·释宫室》说："廷，停也，人所集之处也。"

以"堂"为中心的建筑格局，亦具有鲜明的伦理意义。这种意义在中国人的亲属关系名称中得到了生动的表达。

与"堂"此种建筑的位置相一致，堂在家庭中的作用也不一般，它往往并不用作生活起居，而是家庭的重要活动，如举行典礼、会见宾客、议决家事的场所。由此，堂也就成了一个居住单位（家庭）的象征。由此再来观察"堂"字为什么会产生亲属关系的意义这一问题，就很容易找到答案了。

中国古代有一种传统的居住习尚，即在世的最年长的男性长辈及其配偶与他们的若干儿子、孙子、曾孙直至玄孙们及其配偶，连同未曾婚嫁的女儿、孙女、曾孙女甚至玄孙女共居于同一个居住单位，从而构成一个大家庭。这样一来，便形成了若干同祖旁系亲属同处于一个居住单位（家庭），实际上也就是同处一堂的局面。所谓"四世同堂""五世同堂"指的正是这种情况。因此，人们就很自然地用"堂"来表示同祖旁系之间的关系。正因为"堂"的这种产生由来，它最初是被称为"同堂"的。例如，《北史·公孙表传》："二公孙同堂兄弟耳。"这个"同"字到唐以后便被省去了。与父系旁系亲属称"堂"相应，母系的旁系亲属则称"表"，"表"就是"外面"的意思。按照传统的居住习尚，母亲的亲属自然是居住在家庭之外的。可见，在从居住关系出发来表示亲属关系这一点上，"表"和"堂"并无不同。

李白《送张秀才从军》中有这样的诗句："抱剑辞高堂，将投崔冠军。"这个"高堂"又可称"堂上"，指的是父母。联系前文所论来看，父母之所以称"堂"，显然因为他们在日常生活中是堂上之主，同时也因为在家庭成员中，父母的地位是最高的，就像堂在家庭居舍中的地位一样。而"令堂""尊堂""萱堂""堂老"等又是对别人母亲的尊称，为什么要尊称别人之母为"堂"呢？这是为了尊重她正妻的地位。古代社会一夫多妻的现象很常见，而在诸多配偶之中唯有正妻才能与丈夫一同成为堂上之主，古人用"糟糠之妻不下堂"的诗句来表示不遗弃贫贱时的结发妻子，正是这个意思。

"堂"的上述建筑属性，并非只波及亲属称谓，比如"中堂"，可以指称宰相，其直接原因是唐代于中书省设政事堂，以宰相领其事，后因此称宰相为中堂，但是追究其根源，还是因为传统建筑中以"堂"为中心的格局发挥了作用。"中堂"也是一种书法作品样式的名称，这一得名，则是因为"中堂"乃是挂在厅堂正中的大幅字画。

在以居所的名称表示亲属关系方面，不独是一个"堂"，"房"也是一个兼职大户。"房"这种家庭次要居室之名，又可表示家庭的支系，如长子及其妻、子可称"长房"；次子及其妻、子可称"二房"之类。这种称谓，显然发端于这样一种居住制度：儿辈与父母同住，只能居于两厢的房中。

由家庭的支系发轫，"房"又可表示家族的分支，如《红楼梦》二十四回："虽然面善，却想不起是那一房的"；《新唐书·宰相世系表上》："武德四年，追封长子曰南阳伯……与姑臧、绛郡、武阳公三房，号'四公子'房。"

"房"又是指称"妻妾"的量词，鲁迅《故乡》："你现在有三房姨太太，出门便是八抬大轿，还说不阔？"这是因为在一夫多妻的古代社会，妻妾们多居于堂两旁的"房"中。

然而，妻子又可以称"室"，这是什么缘故呢？《礼记·曲礼上》载："三十曰壮，有室。"孔颖达疏："壮有妻，妻居室中，故呼妻为室。"诸多妻妾之中，正妻的地位最高，故根据传统居住伦理，则当住在堂后的正室中，所以正妻就可以称"室"，或"正室"。与之相对，妾们则可称"侧室"，而所谓"侧室"只不过是堂两边的"房"的同义词。

追究"堂""房""室"中伦理关系的发生，可以发现父系亲族聚居的习俗对中国社会传统的深刻影响。在古老的父系氏族公社制度之下，同一个男性祖先所生子孙及其配偶，以共同居住、共同占有生产资料和生活资料的方式组成社会集团。父系氏族存在的基础是极其低下的人类社会生产力，这种生产力水平，迫使人们只能以一个庞大群体相互协作、集体劳动的方式才得以生存。因而随着生产力水平的发展，当人们能够以较小的群体生存时，氏族便分裂为若干父系家庭公社——血缘关系较近（通常是同一个祖父或曾祖父的后裔）的包含若干个尚未独立的个体家庭的生产、生活群体。这种家庭公社当然又会随着生产力的进一步发展而分化为若干个体家庭。显然，"堂""房""室"诸字意义演变中所蕴涵的同祖旁系亲属同堂而居的居住习俗，乃是父系家庭公社制的直接产物。

此种居住习俗虽然发端于史前时代，但在我国封建社会几千年的历史中却始终具有相当的势力，其影响甚至波及近代。所谓"四世同堂""五世同堂"长期以来被认为是一种理想家庭的标准，而《红楼梦》中的贾府、巴金《家》中的高家、老舍《四世同堂》中的祁家则可视为其典型例证。如将视野扩展开去，观察比家庭更高层次的民居单位，则不难发现以"某家"命名的"高家庄""马家屯"之类的村镇比比皆是。即使上海这样的现代化大城市，也不乏"徐家汇""陆家宅"之类的地区名称。这显然也是同姓（父系）亲族聚居古俗的遗迹残存。这种原始居住的习俗之所以能够长行不衰，固然与我们祖先因循古制的传统文化心态有关，但同时也和自给自足的自然经济，以及与此相关联的生产力发展速度迟滞存在一定程度的因果联系。

综上所说，汉民族早已形成了以居处关系表示亲属关系，以居室的等级来区别家庭及家族成员地位差异的思维定式。而这种传统的心理意识，实际上是传统的父系亲族聚居习尚，以及以此种习尚为基础的古代居住礼制的直接产物。

第三节　"门""户"之见

在中国传统建筑中，"门""户"是最能体现森严礼法的构件。按照先秦文献的记载，人们居室建筑的门户因居者身份地位的不同而有形制差异。就拿贵族阶层的宗庙之门来说，天子五门：皋、库、雉、应、路；诸侯三门：库、雉、路；大夫二门：大、中。① 对全社会各色人等而言，门户的种类更是具有严格的尊卑等级意义。如"寒门""柴门""柴户""白户"表示贫民之家，"朱门""高门""上门""侯门""鼎门""贵门""豪户""大户"指权贵之家。除了明尊卑，别贵贱外，标榜道德行操，更是"门"的一大功能，如"门榜"指门前张挂的牌匾。"门表"指家声，"门宠"指因祖先的功劳而得到的朝廷恩宠，就字面意义而言，这种荣耀也是见诸门户的。特别值得一说的是，标榜贞洁烈女的牌坊，实际上也是一种独立出来的"门"。

就汉字来看，"门"的此种礼法意义，有一个生成演化的过程。下面我们将循着汉字发展的轨迹来作一次"穿越"式浏览。

一、"门""户"的威严

"门"是最早出现的汉字之一，甲骨文中已经常见，一般描摹两个门扇的形象，也有更细致描摹门楣者：

卜辞中的"门"经常作为祭祀的对象出现：

"丙申卜，王，贞勿疈（缓）凶（陷）于门。〔辛〕丑

---

① 参见孙诒让撰，王文锦、陈玉霞点校，《周礼正义》（第二册）卷十四《阍人》，北京：中华书局，1987年，第540—548页。

用。十二月。"（甲骨文合集 19800）

这条卜辞的意思是：殷王贞问，是否在辛丑日用坎埋女牲的方式来祭祀门神。

殷人祭门的方式颇多，除了前文的"凶（陷）"，还有"寻"祭：

"辛丑卜，贞㞢以羌，王于门寻。"（甲骨文合集 261）

寻祭之"寻"，学者认为"应读作酹，乃灌酒于地以降神之祭。"[1] 祭门又可是"祷"祭：

"贞奉（祷）尹门。"（甲骨文合集 13604）

其中"奉"即读为"祷"。或为"品"祭：

"贞门品。"（甲骨文合集 7426）

所谓"品"，学者认为就是用多个器皿盛放祭品的祭祀。[2]

为什么要祭祀门呢？卜辞表明，其目的是很功利的。

"……门，其雨。"（甲骨文合集 30290）这条卜辞说的是祭门之后就会喜得雨水。

"庚寅，门示若。"（甲骨文合集 34126）这里的"门示"就是"门神之主"，"门示若"就是门神保佑在世的这些大

---

[1] 于省吾：《甲骨文字释林》，北京：中华书局，1979 年，第 281—283 页。

[2] "所从之口乃表示器皿。从三口者，象以多种祭物实于皿中以献神，故有繁庶众多之义。殷商祭祀，直系先王与旁系先王有别，祭品各有等差，故后世品字引申之遂有等级之义。"（徐中舒：《甲骨文字典》，成都：四川辞书出版社，1989 年，第 196 页）

活人。

甲骨文中还有这样一个从“门”字：

《甲骨文合集》22238

关于这个字形，学者认为像一人反缚双手绑在门头横杠上，可能表示某种警示，不让外人擅自进门，故有阻拦之意（门头上的人也可能是人工扎制的稻草人）。渐讹作柬，因此就是后来的“阑”。[①]《说文》曰：“阑，门遮也。”也就是护门的栅栏。由此可见，殷商的门，有着精心制作的护门神物。这从另一个角度也表现了殷人对“门”的高度关注。

甲骨文中除了有“门”字，也有“户”字。与“门”有两扇门扉不同，“户”只有一扇门扉：

“户”在甲骨文中虽然出现频次不如“门”那么多，用法也不如“门”丰富，但是两者本义大致类同。在卜辞中，“户”多为殷王为在宗庙中祭祀而选择的具体处所[②]，可见殷

① 党相魁：《甲骨文释丛（续）》，引自《纪念王懿荣发现甲骨文 110 周年国际学术研讨会论文集》，北京：社会科学文献出版社，2009 年，第 124—125 页。

② “于南户寻王羌。”（屯南 2043）“于宗户寻王羌。”（屯南 3185）“壬申卜，出，贞丁宗户畝亡匄。”（合集补编 8293）“贞丁宗户葙亡匄。”（合集 18803）

王心目中在门户处祭祀，是最能与被祭祀神灵沟通的。在这种意义上，"户"和"门"在卜辞中又是可以互换的：

> "岳于三门。"（合集 34220）
>
> "岳于三户。"（合集 32833）

同样是祭祀"岳"神之处，前一辞说在"三门"，后一辞说在"三户"，可见"三门"就是"三户"。

门户之所以能够成为殷人的祭祀之神，自然是因为它在殷人的心目中具有非同寻常的地位。而此种观念，我们可以从他们所使用的相关文字的结构中窥见一二。在这个视角下，"户"则提供了更多的信息。

"启"字的甲骨文从"户"从"又"，会用手打开门户之意：

卜辞用作本义者有之：

> "己巳卜，其启（启）西户，祝于妣辛。"（《合集》27555）

其中之"启"，就是"开启"的意思，而且开启的对象就是"西户"这种有形的建筑物之门。然而，卜辞中的"启"字开启的门，更多是无形的：

> "壬雨，癸雨，甲遁启。引吉。"（甲骨文合集 29899）

这条卜辞的意思是：壬日下雨，癸日下雨，到了甲日才放晴，好吉利。为什么用本来表示开门的"启"来表示"天晴"呢？显然是因为在殷人的心目中，天放晴，是因为天门打开，太阳露脸了。下面这个字形或许可以更清晰地揭示这种观念：

在表示"天晴"的意义上，上述字形与"启"字（𦙶 𦝿 𦝿）可以算是异体字。就造字意图而论，前者是在后者从"户"从"又（手）"的构形上加"日"，表达的正是"打开天门，太阳露脸放晴"的意思。

"至章啓，吉。 用。"（合集29800）

"章"是一天中某个时段的名称，又称"章兮"，具体指的是"昃"以后，"昏"以前，也就是下午接近于黄昏的那个时段。以上卜辞就是贞问黄昏前会不会放晴。由此可知，在当时的观念里，"门"这个东西不仅是实实在在的建筑物件，也是不同空间区域（包括无形者）之间的通道。

在汉语思维里，空间概念和时间概念经常是可以互通的。因此空间上的入口，在时间上自然也会具有"起始"的意义。这种意义在甲骨文"启"中也是常见的：

"己卯卜，争贞：雀以启。"（合集4113）

"雀"是殷王手下的一位军事长官，以上卜辞是殷王卜问，这次军事行动，是不是让雀率部先行出兵，也就是充当先锋。根据甲骨文的记载，有资格充当这种"启"的人并不多，其中最多被殷王派遣作为"启"的先锋将军是当时殷王的心腹名将"沚戜"（或称"戜"），① 可见殷王对这种"启"是高度重视的。

甲骨文还有"肇"字，造字意图与"启"类似，从"户"从"戈"：

用"又"是手开门，用"戈"是用兵器砸门，开门的方法不同，门开的结果无异。所以甲骨文"肇"字也有"启"的意义。

"丙申卜，贞肇马左、右、中人三百。六月。"（合集 5825）

"肇马……"即启动骑射之兵三百人的意思。"肇"的这种"启动"意义所涉及的对象，还有很多，甚至可以是天上的雨和殷王的病。②

"肇"字演变到金文，又增加"聿"旁，"戈"旁或被替换为"攴"，也就是后来"肇事"的"肇"字。"肇""肇"虽然被《说文》列为两个字头，实际本为一字异体，而其基本的意义，则是"起始"，或虚化为句中语气词。

综合以上对"启""肇""肇"诸字的讨论，可以作这样

---

① "辛卯卜，宕，贞沚戜启巴，王勿佳之比。"（6461）"贞王更沚戜启比〔伐〕…"（6457）"贞戜启，王其牵舌方…"（6332）
② "佳帝肇王疾"（合集 1422 正）"岳肇我雨"（合集 14487）"肇"皆应训作"启"。

的归纳：在时空两端，门户在殷人心目中，都有"起始""开端"的意义。万事门为首，"门"作为万事开头的一个象征物，被人们赋予了神灵意义进而得到神灵化，人们奉之为门神，加以祭享，这非常符合人类的早期思维。

门神崇拜，至今仍是一种多见的民俗文化现象。对于民间信仰的守卫门户的神灵，人们将其画像贴于门上，用以驱邪避鬼、卫家宅、保平安、助功利、降吉祥。每到春节前夕，家家户户便忙着贴对联和门神，以祈福来年。由前文的讨论可知，至今民间通行的门神崇拜，其源头至少可以追溯到甲骨文时代。而对于系统的"门户"礼法之生成而言，这种门户崇拜的观念，无疑会起到很大的推动作用。

二、"政出多门"是什么"门"

成语"政出多门"，今天多指管理混乱，对于同一事务的管理，不同管理机构有不同的政令规定。由此成语可知，管理机构是可以叫作"门"的。管理机构又可以称为"管理部门"，其中还是有个"门"。管理机构为什么叫"门"？有必要追究这个成语的来历。

《左传·成公十六年》载："晋政多门，不可从也。"这句话的意思是，晋国的政令，由多个公卿大夫家族发出，这是不行的。"门"在这里，其实与"家"是同义的，具体指称的是公卿大夫贵族之家。同样的用法，在战国出土文献中很常见，如《郭店楚简·语丛四》，把诸侯的家族称为"诸侯之门"[1]。

---

[1] "敚（窃）鉤者戜（诛）。敚（窃）邦者爲者（诸）矦（侯）。者（诸）矦（侯）之門，義士之所存。"（《郭店楚简·语丛四》8）

简单来说，这个意义的"门"，其实与"家"是同义的。这不由令我们想到，其实直到今天，"家"和"门"依然可以关联在一起，比如 2006 年开始播出的家庭喜剧系列《开心一家门》，在很多方言中，"一家"通常会被叫作"一家门"。

殷周时代，是"家天下"的时代，最高统治者帝王把国家当作一家的私产，而"分封制"模式下，各个等级的贵族也同样把治下封邑人民视为一家私产。因此，"家"并不是今人观念中的家庭概念，而是贵族家庭及其统治区域和臣民的概念。这样的"家"为什么以"门"来指称，要回答这个问题，需探究一下如此之"家"的历史。

"封土建国"（其实也可以理解为"封土建家"），是殷周时代诸侯贵族们确立起贵族身份的基本条件，而在封土之内，被封贵族的居住场所是用建筑的形式封闭起来的。这种封闭场所可以叫作"邑"，如商纣所居的都城就叫"大邑商"。西周初年青铜器"何尊"描述周武王击败商纣王，只是说"唯武王既克大邑商"。"邑"字甲骨文写作如下各种形体：

上面的"□"，乃古"丁"字[①]，表示居住的范围，下面的" 𝀍 "是"卪"，描摹跪坐之人，用来表示"□"这个范围的居住性质。这是因为上古没有桌椅板凳，人们只是席地而居，因此跪坐为古人的居家常态。因而"□"实际上是

---

① 《说文》释"邑"上的"囗"为"囗"，即"围"的古字。

"城"的初文，"囗"的字形，乃是对周匝城墙的形象描摹。甲骨文有这样一条卜辞：

"丙申卜，乍土丁。"（合集21039）

根据辞例，这个"乍土丁"应该是"作土城"，"丁"即用作"城邑"之"城"[1]。"丁（囗）"为甲骨文时代人们聚居的城邑，还可以通过对如下几个字的分析来得到进一步证明。

甲骨文中表示殷王去攻打其他方国一般用下面这个字来表达：

上面的"丁"就是城邑，下面的"止"表示殷向着这个城邑的进攻。这个字就是今天的"正"，其实也就是"征伐"的"征"的初文。偶尔 可以加上"彳"旁作 ，结构与今天的"征"一样。而其他方国来攻打殷，则用如下这个字来表达：

这个字究竟对应今天的哪个字，学界对此还有不同看法，有学者认为是"围"。很显然，该字的造字意图与上面的

---

① 黄天树：《甲骨卜辞中关於商代城邑的史料》，《黄天树甲骨金文论集》，北京：学苑出版社，2014年，第218—244页。

"正"类似，不同的是，这个字变"正"一个"止"为两个"止"，而被进攻侵犯的对象依然是"丁"。由此可见，殷商时代，各邦国的人群都是聚居于建筑封闭的城邑，即"丁"中的。当然，这种居住制度的历史真实性是需要具体分析的。

在家天下的环境中，一个"家"（即"国家"）的疆域往往很大，治下人群因数量巨大一般也不太可能都挤在一个"丁"中，但是人们总的居住原则却是以"丁"为核心的。以"王"家为例，王当然居于叫作王都的那个"丁"中，这个"丁"自然也是王家实实在在的核心所在。而王都这个"丁"周围所领辖的方圆千里的地面叫作畿内，"畿内"也叫做"内服"，内服之外的王家疆土叫"外服"。内服和外服中都有王这个大家长分封的作为大家族分支的若干数量的小家。各小家的贵族们也同样奉行着与王一样的、以"丁"为核心的居住原则。即便是农夫小老百姓，也同样遵守这样的居住制度。段玉裁《说文解字注》"庐"下注："《春秋》宣十五年《公羊传》注曰：一夫受田百亩，公田十亩，庐舍二亩半。凡为田一顷十二亩半，八家而九顷，共为一井。在田曰庐，在邑曰里。春夏出田，秋冬入保城郭。"① 可见农夫只是在春夏为了方便耕作才居住在作为田野临时住所的"庐"中，秋冬则要回到"邑"中。

以建筑的手段来封闭居住空间，是与农耕经济带来的定居的生存方式相联系的。殷商社会，正是如老子描写的那样，

---

① 段玉裁：《说文解字注》，上海：上海古籍出版社，1981 年影印版，第443 页。

是"鸡犬之声相闻，老死不相往来"的"小国寡民"世界。"小国寡民"的社会，为人们以建筑来自我封闭创造了便利；"不相往来"的农耕式自然经济，又有力地引发了人们的自我封闭抵御外祸的欲望。这种传统在中国古代社会一直得到传承甚至发展，作为其极致的表现，就是中华大地上自战国以降历代都参与修筑的万里长城。修筑万里长城的意图其实很简单，就是要把整个国家装进一个封闭的"丁"当中去。当然，城市不论大小都建城墙，村寨无分南北也多有土围子、木栅栏，也都是对这种建筑封闭传统的继承。

综上，用建筑封闭来限定自己的居所是汉字呈现出的中华大地上早期人类居住的通例，在此环境中，门作为建筑封闭区域的出入口，其重要性是毋庸置疑的。在这种重要性的诸多方面中，如下方面无疑得到了充分的发展，这就是以门为门内人群的标志物，或者说人们习惯于用"门"来指称门内居住的一家子。于是，晋国的国政出自晋国多家的公卿大夫，被称为"政出多门"就一点都不奇怪了。类似的语言表达，其实充斥于汉语词汇中：某人如果罪大恶极，是要"满门抄斩"的，也就是将他全家斩尽杀绝；如果某个家庭有了两种喜庆之事，则又叫作"双喜临门"。

然而，居处在一个门内的，并不限于同一个家庭的成员，也可以是具有其他密切关系的人群。比如，同一学派的学者常在同一门内探讨学问，同一宗教信仰的人们每每在同一门内对他们的崇拜对象顶礼膜拜，同一老师的学生又总在同一门内从师学艺，于是"门"又可指学术或宗教派别及同窗学友，如儒家派别叫"儒门"，佛教派别叫"佛门"，同学则可称"同门"。毫无疑问，"门"在这里已很自然地成为一个人群类别单位的代名词。值得注意的是，在汉语中表示人称复数的"们"字，前身就是这个"门"，在古书里，"咱们"就写成"咱门"，"你们"则写成"你门"，加上单人旁的"们"是很晚才出现的。

长城作为最大的"丁"，它的门（也就是"关"，其繁体从"门"得义作"關"）也可作为划分不同人居区域的名称，长城以北的地区，叫作"关外"，长城以南的地区，则叫作所谓"关内"。

综上所述，对于"门户"的重视，其实是由实际居住生活的物质基础和人群社会的组织结构的共同作用而决定的，所以关于"门户"礼法的特殊规定，自有其社会历史发展的必然性。

三、"户""册"之"扁"

《说文解字·册部》载："扁，署也。从户、册。户册者，署门户之文也。""从户、册"的构形，小篆表达得很清晰：

什么叫"署也"？王筠《说文句读》释曰："题署也。"与"从户、册"的构形分析结合起来看，"扁"就是把"户"作为"册"，在其上题署文字。在门户上题字这种人类文化活动，居然造就了"扁"字的构形意图，表明这种文化具有非常强大的影响力。门户，作为人们居所的出入口，自古以来便得到了人们的特殊关注和对待。其中很重要的一点便是以门户作为居住者身份地位或贤才善行的标志。这种情况，只须对一些涉及"门""户"的字词稍作分析，便可一目了然。

"阅"有"观看"义，故可与"览"复合成辞，而它却是一个从"门""兑"声的形声字，也就是说，"门"是"阅"唯一的表意符号。门有什么可看（阅）的呢？"阅"字古义中的一个义项大有启发意义。《玉篇·门部》载："在左曰阀，在右曰阅。"这个"阅"，指的是古代官宦人家立在门右的一种柱子，柱子上记述着门内居住者的功名地位。显然，在等级森严的古代社会，这个"阅"是最需要观览的：自己的阅要让别人看，否则或许会让别人看低了自己；别人的阅更须仔细看清，否则便不知该用何种态度去与对方交往。因此，"阅"就有了其"观看"意义发生的必然性。与此相类，和"阅"左右相对的"阀"也有了"功绩""门第"之类的意义。当然，"阀""阅"之所以可以表示人的功名等第，根源于它们依附于门，故"门"便有更充分的理由表明人的功名等第："门第""门次"，指人身份地位的高低贵贱，而其字面意义分明是"门的等第""门的等次"。由此可见，人的等级总是要显现在门上的，于是，"门面"一词表示"体面"，"门表"一词表示"名声"，"门著"则表示权贵人家。"门"的这种意义的发生，是有上古时代的社会现实作为依据的。按照先秦文献的记载，人们居室建筑的门户因居者身份地位的不同而有形制的差异，就拿宗庙之门来说，天子五门：皋、库、雉、应、路；诸侯三门：库、雉、路；大夫二门：大、中。① 门户的此种象征意义，甚至可以将这种建筑附件从建筑中分离出来，成为独立的建筑形式，后者便是古代社会中寻常可见的功德牌坊——它们尽管并不与居室相连接，却也要造成门户的形状。

很显然，"扁"的上述意义与其后来的通行意义似乎很不搭，它究竟是怎么转型的呢？新出土的战国楚简中出现了更早的"扁"字，提供了值得注意的线索。清华简十《四告》16 简："扁卲（昭）棻（祷）迂（任）"。"扁"字被学者认为是新蔡简（零 115、22）"扁"，即从"首"从"册"的"扁"之变体，上部从"自"，乃"首"之讹。两字原形如下：

这个新见的"扁（扁）"的会意偏旁之所以是"首"而不是"户"，是在强调"扁"之册题于门堂之额首。这就更加精准地定位了门户上题署的位置。

"扁"既然用以彰显荣耀，就需要附着于门户中最为醒目的地方，这正是"扁"所强调的。后来的成语如"光耀门楣"，也正表达了这个意思。然而，这种标榜搞大发了，却又不免变形。于是"扁"便有了后来的通行意义。

门额之上这个"册"形状不免特殊：在下须有一定高度的

---

① 参见孙诒让撰，王文锦、陈玉霞点校，《周礼正义》（第二册）卷十四《阍人》，北京：中华书局，1987 年，第 540—548 页。

通道以便人之出入；在上则有屋檐覆盖。根据居住的适度需要，屋檐高出门楣的距离不会太大，故门额上的"册"便不得不形成横宽竖窄的扁状。相对于正常的"册"，这种"扁"不免畸形，于是不断刺激着文字使用者的神经，激发出"扁"的"横宽竖窄"的形状意义。由于"扁"的这种文字书写形式蔚然成风，后又出现了"匾"这种扁形题字横牌。然而，"匾"这个词，最初也是径由"扁"字来记（《汉语大词典》"扁"下收有宋、元文献用例，可参看），"匚"是后来才加上去的。匾虽然不必挂在门楣上，但却总是保持着门楣之上横宽竖窄的形状。这种束缚当然来源于自夸，作者固然自喜，但在观者眼中，一般则不免是要被看扁了。

由以上对"扁"字发展历程的梳理可以发现，以"门榜"的文字形式来标注门户，以彰显身份德操的礼规，至迟兴起于战国时代。

第四章

"道""行"中的礼规

人怎么行路，也是传统礼法重点光顾之地。鲁迅先生在《故乡》中说过这样一句话："地上本没有路，走的人多了，也便成了路。"[1] 这句名言的思想内涵极其丰富，对此，有诸多不同的理解，但是无论怎么理解，其中存在这样一个逻辑是无可置疑的：地上有了路，人才能行走。既然路是人"行"造就的，那么，路也就可以反过来呈现"行"的状况。而我们今天所说的"路"，古人多谓之"道"。

下面我们将循着"道""行"的上述逻辑关联轨迹，就其中的礼法内涵展开一番由形下至形上的浏览。

第一节　"道"之演化历程

在汉字的字符集里，"道"作为义项最为繁多的文字之一，在汉字发展史上是一个最能激发文字使用者思想火花的字符。当然，这种辉煌，是逐步积累的结果，对此有必要从头加以梳理，为行走礼法的探讨提供基础。

---

[1] 鲁迅：《鲁迅全集》第一卷，北京：人民文学出版社，2005 年，第510 页。

一、原"道"

"道"字最早见于西周早期金文①，以"行""首"两个偏旁构成：

（貉子卣）

这是个会意兼形声字。从"行"（"行"的本义就是道路），从"首"，会头面所向的路之意。从古音来看，"首"也表示读音。《逸周书·芮良夫》中有这样一句话："予小臣良夫稽道谋告。"② 王引之《经义述闻》："稽道即稽首。是《逸周书》借道为首也。"③ 这个解说的意思是说"首"与"道"古音近似，所以"稽首"可以说成"稽道"。

西周金文在从"行""首"的构形基础上加"止"形加强表意：

或下不从"止"而从"又"，然而"又"乃"止"的讹变：

金文又有不从"首"而以"舀"作声符的构形。"舀"疑为

---

① 有的学者认为甲骨文中就有"道"字，但对此说学界尚有很大争议，故不从其说。

② 黄怀信：《逸周书校补注释》，西安：三秦出版社，2006年，第363页。

③ 王引之《经义述闻》，北京：中华书局，2021年，第190页。

"首"的形讹。"𦣻""首"形近，音又相近，促成了讹变。

综上，"道"的早期构形，既重表意，又重表音，这也奠定了"道"字后来字形演变的方向：石鼓文在类字形上加饰点；《说文》古文又以石鼓文构形为基础省去"行"形；《说文》正篆则在形体的基础上换"行"为"彳"，从而形成后世通用的"道"字构形。

（石鼓文）	（说文古文）	（说文正篆）

然而，道路这个概念，在汉字中最早并不是由"道"来表达的。"行"字的古文字形本象十字路口之形：

殷商甲骨文中没有"道"字，却有"行"：

"癸未卜，王曰贞：又（有）兕在行，其左射，获。"（《合集》24391）

这条卜辞是说：癸未那天占卜，殷王贞问：有犀牛在行道路上，从左面射它，能否猎获。卜辞只说"有兕在行"，而不说"有兕在道"。即便是在"道"字已经出现的西周早期金文中，"道"字表示的也只是人名，而真正表示道路的还是

"行",比如《中方鼎》"隹(唯)王令南宫伐反虎方之年。王令中先省南或(国),贯行"。其中"贯行",杨树达先生认为就是《史记》中"披山通道"的"通道"①。

真正用"道"来表示"道路"义的,是西周晚期金文《散氏盘》等铭文。② 值得注意的是春秋早期金文《曾伯霖簠》:"印(抑)燮緐(繁)汤(阳),金衔(道)锡(锡)行,具既卑方。"其中"金道锡行",郭沫若认为"言以金锡入贡或交易之路"。铭文是以"行""道"互文的,表明此时作为道路概念的表达的"行""道"可以共存。传世文献的情况也是如此,比如《诗经・大东》:"佻佻公子,行彼周行。"朱熹集传:"周行,大路也。"③《诗经・四牡》:"四牡騑騑,周道倭迟。"朱熹集传:"周道,大路也。"④《诗经》收集的诗歌一般认为是西周至春秋中叶 500 余年间的作品,结合金文来看,西周晚期至春秋这一时段,"行""道"二字之间是有同义混用的。

值得注意的是,"行"字从最早出现于甲骨卜辞时开始,就兼有名词和动词两种身份,既指"行走"又指"行走之路"。人们逐步把名词的意义交给后起的"道",显然是因为"行"的这种兼职性表达不再能被接受了,也就是说,"行"

① 杨树达:《考古学专刊 甲种第 1 号 积微居金文说》,北京:中国科学院,1952 年,第 129—130 页。
② 《散氏盘》:"弄(奉—封)于罳衔(道),弄(奉—封)于原衔(道),弄(奉—封)于周衔(道)吕(以)東。"《塱盨》"爰(援)奪廐行道。"
③ 朱熹:《诗集传》,北京:中华书局,2017 年,第 227 页。
④ 朱熹:《诗集传》,北京:中华书局,2017 年,第 157 页。

和"道"的观念需要有各自明晰的边界。

从语言文字系统自身的发展规律来说，出于信息表达精准性的目的，对于字词的存在也有不重复的要求，就好比今天的人口户籍管理，规定每人只能有一个身份证号。虽然我们对上古相关语言文字状况的了解可能并不十分全面，前文列举的"行""道"的同义混用，显然与此种要求有所不符。这种语言环境也在一定程度上导致了"道"后来发生变异进而与"行"拉开距离的转变。

二、"衜"与"道"的纠葛

在"道"字构形的演变史上，发生过一次重大的改易，那就是"道"中出现了"人"。呈现这次改易的主要材料，是20世纪末新发现的郭店楚简。

郭店楚简中多次出现从"行"从"人"的"衜"字：

对于这个字形，最初有学者释读为"行"①，这主要是因为此字形又见于石鼓文，而它在石鼓文的诗句语境中是个韵脚，与"汤、阳、方"等字押韵②，"行"与"汤、阳、方"等字都属于古阳部韵，所以石鼓文中的"衜"释作"行"是

①　廖名春：《从荆门楚简论先秦儒家与〈周易〉的关系》，朱伯崑主编：《国际易学研究》第4辑，北京：华夏出版社，1998年，第310—311页。

②　"啻车绩（载）行，戎徒如章。遝湿阴阳……佳（维）舟以行。或阴或阳，极深以□。于水一方。"

得到学界共识的。但是在郭店楚简中，"衍"释作"道"却也是无可置疑的。

如《老子》三十章"以道佐人主者，不以兵强天下"，郭店楚简《老子》甲组作"以衍差（佐）人宝者，不谷（欲）以兵强于天下"。《郭店楚墓竹简》整理者注曰："衍，'道'字。《汗简》'道'字与简文同。"① 有传世老子与郭店老子的互证，整理者认为"衍"即是"道"，理由非常充分。

值得注意的是，郭店楚简中"衍""道"又是无可置疑的异体字。比如《老子》甲篇用"衍"字，乙、丙篇用"道"字；《性自命出》第 19 简"其先后之舍则义衍也"用"衍"字，22 简"币帛，所以为信与证也，其词义道也"用"道"字；《语丛》一 22 简"仁生于人，义生于道"，30 简"知天所为，知人所为，然后知道，知道然后知命"，68 简"谤天道以化民气"用"道"字；《语丛》一 37 简"《易》所以会天私认衍"用"衍"字，68 简"详天道以化民气"用"道"字。这就可以证明"衍""道"二字并不存在用法差异，而仅仅是字形不同。若再细察，在《忠信之道》《语丛》三等篇中，只用"衍"字，不用"道"字；而其余篇章则只用"道"字，不用"衍"字。关于这种现象，有的学者认为是写本的时间差异造成的，并以《老子》甲篇与乙、丙篇中"衍"与"道"的互补关系为证：《老子》甲篇抄写时代最早，乙、丙抄写时间则相对较晚。这就表明，"衍"与"道"在最初可

---

① 荆门市博物馆：《郭店楚墓竹简》，北京：文物出版社 1998 年，第 114 页。

能是两个不同的字，后来由于某种原因合二为一。

那么，造成这种变化的原因究竟是什么？有必要观察不同时代"道"的意义用法。

在西周金文中，早期、中期铭文中的"道"多用为人名，比如《貉子卣》《师道簋》。中晚期则或用为"道路"，如《散鼎》《散氏盘》。人名的用法就其成因难以追究，姑且不论，可知西周金文"道"除了"道路"本义外，并没有发生多义的演化。春秋金文"道"仅《曾伯霎簠》一见，依然用其"道路"本义。到了战国金文中，情况就不同了，"道"被赋予了人伦礼法意义：《中山王䉜鼎》"智（知）天若否，俞（论）其惠（德），眚（省）其行。 亡不恣（顺）道"。《䍐盗壶》"逢郾（燕）亡（无）道烫上"。很显然，这里的"道"已是本义的延展引申：天下邦国循理守常，得行"礼义"，治而不乱，则谓之"有道"，否则即是"无道"。

值得注意的是，到了战国时期，"道"的这种后起引申意义成为了"道"最常见的意义。郭店楚简"道"字125例，就意义而论，没有用作"道路"本义者，表示"说，讲述"者4例，其余皆为"人道；仁道；道义"，"道理；准则"，"天道：天意；天理"。

很显然，从前文描述的"道"字意义历时演变轨迹来看，其字形的变化是非常合理的：从"行"从"首"是个会意兼表声的结构，在这个结构中，"首"虽有兼意的功能，但其表意性较为曲迂，不太能获得广泛的理解和认同，此外其另一半表音的功能或多或少也难免会干扰其表意性。因而改变字形，理据重构，使之与"道"字最常见的意义相匹配，是非常自然的事情。而把从"行"从"首"结构中的"首"换成"人"更是顺其自然之事。

至于另外那个表意偏旁"行"的本义与"道"并无多大不同，因此在当时的文字使用者看来，用"行（衍）"来表示"道"，毫无障碍。而这一改用的好处，写字者心里却另有一面明镜：用表意偏旁"人"来表达"人道；仁道；道义"之类意义，是多么地妥帖！

应该说，这种同义字的换用，在汉字使用的历史上并非孤立现象，裘锡圭先生《文字学概要》以"同义换读"为专门的章节来讨论这种情况。当然，文字演变另有稳定性的要求，同义换读显然与此种要求不符，因此往往成为暂时现象。

具体到"道"来说，似乎也是如此。郭店楚简 125 例"道"字中，35 例用"衍"，1 例用"衙"，其余依然用"道"。这说明，即便在战国时代，传统的从"首"的"道"依然还是主流写法。秦汉以降，写作"衍"的"道"不再流行，同样也是汉字构形稳定性的要求所使然。但是，"衍"作为"道"字战国字形的出现，与其字义多样化演变的关系却不能不被认定为客观存在的历史事实。

那么，"道"为什么在战国发展出这么多新的意义呢？对此，有必要进一步加以分析。

第二节 "道茀不可行"的解析

《国语·周语》记载了这样一个历史故事：周定王派遣单

襄公出访宋国、楚国而途经陈国。单襄公在陈国境内见到"道茀不可行",也就是道路荒芜无法行走,回国后便对周王说陈国必将灭亡。其后仅两年,单襄公的预言便成为现实,陈国被楚国灭亡了。从交通道路状况的恶化,竟可预见国家政权的灭亡,足见在单襄公等人的眼中,道路的有无及其完好程度,完全就是国家政治状况的标志。而这种观念的形成来自道路对于国家统治的重要性。

一、"道"的泛化轨迹

道路为何能够具有这种奇妙的象征意义呢?追溯到上古文化背景的层面来看,这绝非一种简单类比的偶然。

《周礼·地官·遂人》记载:"凡治野,夫间有遂,遂上有径。十夫有沟,沟上有畛。百夫有洫,洫上有涂。千夫有浍,浍上有道。万夫有川,川上有路,以达于畿。"郑玄注:"径、畛、涂(途)、道、路,皆所以通车徒于国都也。径容牛马,畛容大车。"①

由此可见,上古时代人们对"道"的关注,与他们对当时的土地制度——井田制的维护相联系。所谓"井田制",就是方圆一里为一个井田单位,一个井田九百亩,当中的一百亩为供奉统治者的公田,周围的八百亩由八家农户耕种自养。井田的划分是同道路的修建联系在一起的:不同面积的田地同不同宽度的道路——径、畛、涂(途)、道、路形成有机的配合。井田制是上古国家政权赖以维持的基础,道既与井田相

---

① [清]阮元校刻《十三经注疏》,北京:中华书局,2009年,第1275页。

配，则道之有无便与井田制的兴废乃至国家政权的命运密切相关。于是，与国家制度政权互为表里的"道"自然会在古人心目中取得一种象征理想境界的意义。然而，如果以为本文开头所提问题的答案仅止于此，那就失之偏颇了。

远古时代，是"小国寡民"的社会，初民集团各自封闭在"鸡犬之声相闻，老死不相往来"的狭小天地中。在这种社会条件下，天然的险阻加上人为的壁垒层层封锁，人类生存的这个世界上，道路阻隔的严重程度可想而知。随着国家的产生和中央集权政治的发展，统治集团必然会萌生扩大自己的疆域版图，拓展其统治范围的渴求。但这必须依赖基本的物质条件，即道路的开通。在《左传》中，我们经常可以看到诸侯为了争夺霸权而"假道""假涂（途）"攻伐他国的记载，如：

《僖公二年》"假道于虞以伐虢""乃使荀息假道于虢""敢请假道以请罪于虢"；

《僖公五年》"晋侯复假道于虞以伐虢"；

《僖公二十八年》"假道于卫"；

《宣公十四年》"无假道于宋""不假道于郑""过我而不假道"；

《成公八年》"假道于莒"；

《昭公十二年》"假道于鲜虞"；

《定公六年》"往不假道于卫"。

正是因为道路对于在较大范围内确立政治统治具有至关重要的意义，开辟道路就变成了统治者的必然追求。《诗经·

大雅》中周人对其祖先丰功伟绩的追述中就常常提及开辟道路之事。而统治者对道路的开辟、修治及管理早已形成了完整的制度。《周礼》中就记载有"司险""野庐氏""候人氏"等负责交通道路治理的官吏。

古人不仅热衷于开通道路，还以种种手段来满足行路者的需求，以保证交通道路的畅达。《周礼》中就记载了一套交通馆舍供给迎送的制度。《周礼·地官·遗人》载："凡国野之道，十里有庐，庐有饮食。三十里有宿，宿有路室，路室有委（积聚的财物）。五十里有市，市有候馆，候馆有积（委之大者）。"秦汉时代供旅人休息，又有捕盗平讼功用的"亭"就是这种制度的遗留。

显然，在古代，特别是上古时代，道路是一个政权实现其统治权力的物质基础，道路修到哪里政治权力也就扩展到哪里。所以，道路也就成为政权的标志，道路的名称成为政治权力机关、行政区划的名称也就有了某种必然性。"道"在汉初是边远的少数民族地区县级区划的名称，正体现了"道"这一行政区划得名的原初因由。

"道"作为行政区划在历史上曾有相当可观的级别：比如唐代，起初分全国为十道，后增为十五道。就其级别而论，至少相当于现在的"省"，但它昔日的辉煌现在只在"街道"这个"区"以下"里委"以上的区域名称中留下一点影子。不难发现，"街"与"道"原本有着相同的意义，都指供人行走的路，与此相应，与"道"同义的"路"，也曾经是一种行政区划的名称，如宋代太宗时全国分十五路，仁宗时增三路共为十八路，神宗时又增为二十三路。这表明，"道"成为行政区划之名，是有它的必然性的。

由此可见，以"路"作为本义的"道"，又泛化出国家政治状况达到理想境界的意义，是有中国古代政治治理的真实历史为其依据的。在此基础上，"道"又进一步引申出各种人事活动达到规范、理想境界之类的意义，如"道不同，不相为谋"之"道"表示政治主张、思想体系；"得道多助，失道寡助"之"道"表示道德、道义；"自然之道"的"道"曰事理、规律；"书道""棋道"之"道"谓行事的方法、技艺等。

二、"行"与"道"的殊途同归

前文已经言及，"行"的本义与"道"相同，即指道路。这一本义的直接引申意义则为"行程"，而此种意义现在也只保留在个别成语中："千里之行，始于足下"，即指走完上千里的路程，是从脚下所迈出的第一步开始的。表示道路的"行"，应读作 háng，不难发现，当今读 háng 的"行"字的一些意义与其"道路"本义的关系特别密切：道路上容易形成行列，站上人可成队列，栽上树可成树行，于是，"行"便有"行列"之义。某些专业商号、店铺、作坊为形成集约效应，往往开设在同一条街上，因此，"行"又可以成为某种营业机构的名称，所谓"商行""银行"，原本应是商业街、银号街的意思。

"行"在现时的字典辞书里一般被归入"彳"部之中，但实际上它本来是一个独立的部首，"行"部字大都有道路的意义，如"街""衢"等，这也同样与"行"的原初意义相符合。

当然，"行走"作为"行"今日的基本意义，尽管读音有了变化，但它与本义"道路"的逻辑关系也是显而易见的：道路是行走的场所，而且在这一场所中，总是要发生行走这一动作的，由行为的场所到行为动作本身，这便是"行"字意义演变中最基本的一条逻辑轨迹。然而，这一演变由名词跨入了动词，词类的差别使它们很难再共用同一个语音形式，于是，"行走"的意义便被赋予了 háng 的语音，与本义形成区别，以避免使用中的彼此混淆。

"行"字一旦表示行走，便有了更多的演化机遇：行走往往意为从事某种活动，因此"行"也就有了"做事""行动"的意义，如"行医"，指从事医生的业务，"行之有效"，表示做某种事情有功效。从事某事的行为人，一般总是具有行为能力的，所以"行"又有了"能干"的意义，所谓"真行"，就是说确实能干。行动的开始每每是在某种决定做出以后，于是"行"又有了"可以了"的意义，如"行不行"，即可以不可以。行走又意味着将要达到目的地，故"即将"又成为"行"的一个义项，如"行将就木"，表示寿命已经不长，即将进棺材了。"行走"是一个流动的过程，"行"因此可以表示"流动"之类的意义，如"行商"即指没有固定营业地点的商人。

在"行"的意义演变中，最可关注的还是"行为品质"之类的意义，后者的演化与"道"的演变呈现出平行关系，如"品行""德行"之"行"。我们可以认为，这种"行"是由"行走"引申为涉及道德范畴的行为。这种引申也是由中国古代特定文化环境促发的：在古代的行为礼法当中，行走的规矩是其中十分重要的一个组成部分。关于此，如下这些字词可以给出证据。

三、"德行"的"道"中体现

"德行"一词，今天表示的是"道德品行"，当然，这种意义也不是现代才产生的，在《周礼·地官·师氏》中已有"敏德以为行本"，郑玄注为："德行，内外之称，在心为德，施之为行。"意思就是说：德是人品行表现的内在依据，行则是人内心道德的外在体现。然而，在大多数古代文献的语境中，"行"与"德"的这种细微差别实际上并不存在。"行"也就是"德"。《楚辞·橘颂》中"行比伯夷"，《报孙会宗书》中"行已亏矣"之"行"，完全与"德"同义。

"德"字的甲骨文写作" 屮 "。徐中舒主编《甲骨文字典》解说此字："从彳从 屮 ， 屮 即直字，象目视悬（悬锤）以取直之形；从彳有行义。此字当会循行察视之义，可隶定为徝。应为德字初文。"[1]

值得注意的是，作为"德"字初文的"徝"，在甲骨文里表示的是"循行察视之义"，也就是一种行走行为。就字形结构来看，"德""直"的古音十分近似，因此可以肯定" 屮 "中的"直"是表音的。也有学者认为，"直"在这里兼有表义

---

[1] 徐中舒主编：《甲骨文字典》，成都：四川辞书出版社，第168页。

的功能，与"彳"相配合，表明"德"字本来的意思就是"行得直"。这个意见是否成立，还有待进一步研究。但无论如何，"德"或"值"中"彳"作为义符的存在，表明人的行走与人们的道德品行不会是无关的。而这种联系是如何发生的呢？"趋"字或许可以给我们一些启示。

"趋"字从"走"得义，本义也是"走也"（《说文》）。古人所谓"走"也就是今日所说的"跑"。但"趋"却还常常可以表示"攀附"或"追逐某种利益"之类的意义。古语中"趋附"一词，指的就是趋炎附势；"趋势""趋热"的意思也与"趋附"相类。而"趋利"则表示追逐利益。原本仅仅是一种行走方式的"趋"为什么又会具有"攀附""追逐"类的意义呢？原因在于"趋"乃是古代卑贱者见尊贵者、权势者的一种特定的行走方式。《战国策·赵策》记载触龙进谏赵太后时："入而徐趋，至而自谢（道歉）：'老臣病足，曾不能疾走。不得见久矣，窃自恕。'"从这段文字中不难发现，官至左师的触龙见到太后也是要"趋"的，虽然"病足"亦不可免，"趋"得慢了（徐趋），还要"自谢"。可见"趋"这种礼节是绝不可免的。萧何被刘邦赐准"履剑上殿，入朝不趋"（《史记·萧相国世家》），则是因为他对汉室具有特殊功勋。这又从另一个角度表现了"趋"作为一种礼规的重要性质。显然，"趋"的这种敬奉权贵的特定功用，对人们的心理造成了特殊的影响，致使他们将"趋"与攀附权力，追逐利益联系了起来。由此可以想见，古人行走之步履并不是随心所欲的，总有种种规矩法度的限制。

《尔雅·释宫》曰："堂上谓之行，堂下谓之步，门外谓之趋，中庭谓之走，大路谓之奔。"从这段文字中我们可以发现相互联系着的这样两种情况：古人多以不同的行走方式来为各种建筑样式命名；而这种名称之所以会出现，则是因为古人在不同的场合地点（建筑样式）中需要采用不同的行走方式：行，就是我们现在所说的走，因其为"堂上"的行走方式，于是古人便以"行"作"堂上"的名称；"步"，就是较慢地走，是在"堂下"的行走方式，因此又被用来称呼"堂下"。"门外"与"趋"，"中庭"与"走"，"大路"与"奔"的关系也都与此类似。

行走方式不仅须依不同建筑样式而变，在与不同身份的人相处的场合，人们的行止规则更是各不相同。关于这种情况，在《礼记·曲礼上》中有不少记载，如："见父之执，不谓之进，不敢进；不谓之退，不敢退。……此孝子之行也。……夫为人子者，居不主奥（室内西南角，尊者的坐处）坐不中席，往不中道，立不中门。"这里所说，是人子与父辈共处的行止之礼子辈不仅进退唯父命是从，居处的位置也被限于旁侧而不可占据正中的主位。"从于先生，不越路而与人言。遭先生于道，趋而进，正立拱手。先生与之言则对，不与之言则趋而退。"这里所说的是与师长共处的行止礼规，随从师长，路遇师长，跟从师长至于不同场所，行为举止都有一套对应的礼仪制约。

"行"的"德行"类意义究竟生于何时？传世文献由于历代传抄难以给出确定的信息，不妨查核出土文献。战国金文

《中山王圆壶》铭文曰："卿（饗）祀先王，悳（德）行盛生（皇）。"铭文中"德行"已经出现，而且用法与后世通行的"德行"无异。战国楚简中，也有"德行"出现：

> "寺（詩）员（云）：'又（有）𦥑（梏）悳（德）行。四方忐（順）之。'"（郭店楚简《緇衣》12 简）

> "齐（詩）员（云）：'又（有）𦥑（梏）悳（德）行，三（四）或（國）川（順）之。'"（上博简《紂衣》7 简）

简文中的"𦥑"像两手戴梏形，读为"梏"，有正直义，文中作"德行"的修饰语。楚简中的"行"还可与"道"同义：

> "齐（詩）员（云）：'人之盰（好）我，䙥（示）我周行。'"（上博简《紂衣》21 简）

简文中的"周行"：表示的是"大道"，属于儒家的哲学观念。

由以上所论，可以发现，与"道"的抽象演化完成时间相同，"行"的抽象演化意义也是在战国时代确立起来的。这种演化的逻辑大致可以这样概括：行走方式既为古代社会礼法的一种具体表现，而礼法又是衡量人们道德品行的准绳，所以"行"字自然可以成为"道德品行"的代名词。

很明显，"行"的意义泛化，与"道"的意义泛化存在着起点的差异：后者发端于供人车行走的道路，前者发端于人在道路上的行走活动。但是，这两个不同的起点，也有着源流的关系："行"的"行走"义，亦发端于其"道路"的本义。因此上升到文字思维的层面，两者位于同一逻辑序列中的不同环节。

第三节　解析"督邮"

一、督邮的权威

《三国演义》中记述了这样一个故事：刘关张三兄弟在事业做大之前，曾经遭到一个官职叫"督邮"的人敲竹杠。张飞一怒之下，便把这位督邮绑在县衙前的马桩之上，用柳条痛打。张飞的这顿操作，并非没有来由，且看《三国演义》的相关记述：

> 朝廷降诏，凡有军功为长吏者当沙汰。玄德疑在遣中。适督邮行部至县，玄德出郭迎接，见督邮施礼。督邮坐于马上，惟微以鞭指回答。关、张二公俱怒。及到馆驿，督邮南面高坐，玄德侍立阶下。良久，督邮问曰："刘县尉是何出身？"玄德曰："备乃中山靖王之后；自涿郡剿戮黄巾，大小三十余战，颇有微功，因得除今职。"督邮大喝曰："汝诈称皇亲，虚报功绩！目今朝廷降诏，正要沙汰这等滥官污吏！"玄德喏喏连声而退。①

由上面这段文字可知，刘关张三兄弟当时已经不是平头百姓，因军功而担任了一定官职。即便如此，他们却也遭到一个"督邮"如此欺侮。时间更早一点，官职更大一点的李广也有类似的遭遇。有个叫"邮亭醉尉"的成语，形成于这样一个典故：汉代李广卸去将军职务后，一次夜间行猎，遇到

_____

① ［明］罗贯中《三国演义》，北京：中华书局，2006 年，第 9 页。

霸陵邮亭尉，亭尉不许李广夜行，李广的随从告诉这个"邮"官，这是前任的将军李广。喝醉了酒的亭尉大大咧咧地说，现任的将军都不能夜行，何况前任的将军，并把李广稽留在邮亭里。李广是汉代名将，一个"邮"中小领导邮廷尉居然因喝醉了酒对李广不敬，说明"邮"中的小官确实需要监督一下了。当然，这个廷尉也没有好结果，后来匈奴入侵，皇帝重新起用李广，"广即请霸陵尉与俱，至军而斩之"。

"督邮"抑或"邮廷尉"，顾名思义不过是负责送邮件的，怎么有底气欺负张飞、李广这类大人物呢？欲明其中奥秘，不能不解析一下"邮"字。

二、"邮"的法治内涵

现代汉语中，"邮"只意味着信件钱物的空间传送：寄的东西叫"邮件"，寄东西的费用叫"邮资"，送邮件的人叫"邮差"。然而，观察"邮"字构形，却很难看出它与"邮"的上述意义到底有什么联系。

"邮"字繁体作"郵"，《说文》释曰："境上行书舍。从邑、垂。"所谓"从邑、垂"，就是以"邑""垂"会意，显然，这个字形显示的不会是"邮"字现在通行的意义，而是它的本义，即所谓"境上行书舍"，清代《说文》研究大家王筠《说文句读》引《汉书黄霸传》注："亦如今之驿馆矣。"①而驿馆，即古代传递文书，供应食宿、车马的驿站。那么，"邑""垂"这两个会意部件是如何表达这种本义的呢？我们

① 丁福保《说文解字诂林》，北京：中华书局，1988 年，第 6583 页。

不妨逐个分析它们在"邮"中的表义作用。在汉字的表意偏旁中,"邑"可表示"国家""国都""行政区划"等,试看《说文》"邑"部所收前八个字:

"邑:国也。从口;先王之制,尊卑有大小,从卪。凡邑之屬皆从邑。"

"邦:国也。从邑丰声。"

"郡:周制:天子地方千里,分为百县,县有四郡。故《春秋传》曰'上大夫受郡'是也。至秦初置三十六郡,以监其县。从邑君声。"

"都:有先君之旧宗庙曰都。从邑者声。周礼:距国五百里为都。"

"邻:五家为邻。从邑粦声。"

"酂:百家为酂。酂,聚也。从邑赞声。南阳有酂县。"

"鄙:五酂为鄙。从邑啚声。"

"郊:距国百里为郊。从邑交声。"

以上诸字的《说文》训释,虽然有个别可以商榷(如"尊卑有大小,从卪",是说"卪"表示尊卑。罗振玉说:"卪象人跽形,邑为人所居。"[①] "卪"表居住之义,更加可信),总体上可以信从。由此表明"邑"不但作为整字可以表示"邦国",作为表义偏旁,则多表示"国都"以及各级行政区划:"邻""酂""鄙""郊"。由此可见,"邑"具有行政统治的意义,而"邮"中用"邑"表义,也是为了说明"邮"这

---

① 罗振玉:《增订殷虚书契考释》中,东方学会石印本影印,1927 年,第 7 页。

个机构本是朝廷官府的一种政治机构。那么，"邮"中的"垂"又表示什么意思呢？《尚书·顾命》曰："一人冕执戣，立于东垂；一人冕执瞿，立于西垂。"其中的"垂"，就是"旁边"的意思。"邮"中的"垂"，显然也是这个意思，表示的是国家政治中心国都周边需要传命的地方。"垂"的这种意义再引申，又有"边境""边地"的意义，所谓"边陲"，本写作"边垂"，其中的"垂"，意义等同于"边"。所以《说文》曰："垂，边也。"俗话说，"天高皇帝远"，很显然，越是边远，"邮"的重要性也就越大，所以也可以认为，"邮"中的"垂"正显示了上古时代"邮"这个机构的主要设置场所。

在古代社会，通信手段极为有限，朝廷政令的传送除了人工飞马驰送外，再没有其他更有效率的手段了。而一个政权的有效行政正是以政令文书的通达为其前提的，所以朝廷设置邮驿的理由并非其他，只是要确保官府文书的高效传递。《孟子·公孙丑上》曰："德之流行，速于置邮而传命。"意思是，德政的传播比邮驿传送王命还要快。要强调德政流传得快却用"置邮传命"作为比较的基准，可见在古人心目中，"邮"这个机构对官府文书的传送是极为迅速的。"邮"的行政统治机构性质，在前文言及的张飞打督邮的故事中已有体现："督邮"这个官职，就字面意义来说，就是监督"邮"这样一种官署的官职。

"督邮"是汉代才设置的官职，为什么这个时候要弄出一个"督邮"来呢？汉朝疆域空前扩展，"邮"的数量随之增加，加之边陲的地理位置，邮廷尉们的行政素质下降是难以避免的。所以"督邮"的官职应运而生。

综上所述，古代的"邮"说到底，还是"传命"的"道"，"邮路"就是治国之"道"。这样，"邮"与"道台衙门"没有本质的区别，从"邮"里蹦出几个傻瓜官吏"青史留名"也就不奇怪了。当然，对于"道"的意义演变而言，"邮"也起到了一种促发作用。

第四节　"车同轨"溯源

说起"道"，我们不能不说"车"，因为"道"本就主要是为"车"而建的。

一、"车""两（辆）"之制的探析

古文字的"车"是一个典型的象形字，甲骨文中"车"字的各种字形，除了两轮之外，又细致描摹了辕轭车舆之形：

殷商金文"车"字形大致如下：

由此可知，殷商时期"车"的制造格局已经非常完备。然而，纵观以上"车"字，虽然象形各异，然而有一点却是共有的，那就是以车轴相贯的两轮。常识告诉我们，中国传统上使用的车有两种类型：一是独轮车（包括装置同一纵轴上的多轮者，如自行车），二是双轮车（包括对称装置在两条纵轴上的双数多轮者）。按照一般经验，在技术不够发达的情况下，独轮车会使用得更多，比如农民劳作中多使用独轮车。而殷商时代，车的制造技术水平肯定远远低于后世，按照常理，"车"字描摹得更多应该是独轮车才对。

为了证明这一逻辑，我们不妨简要追究一下车的发明历史。车的核心技术，实际上是轮子。从物理学的角度讲，轮子的发明表明人类懂得了滚动摩擦力比滑动摩擦力小很多。这应该是人们在搬运劳动成果的实践中发现的。在采集渔猎时代，长距离搬运采集物和猎获物的需求，无疑会强烈呼唤轮子的出现。然而，与其他的人类重大发明一样，轮子的技术并不为早期人类所普遍掌握。比如在美洲土著文明中，就没有车轮的踪影。最早对轮式车辆的记载来自大约公元前 3500 年的古代苏美尔。人们最初使用的是木制的实心轮子。

中华大地上车轮的发明历史，其实还有待于考古发现来进一步研究。但是从古文字来看，我们还是可以获得不少有用的信息。

殷商金文有这样一个像车轮之形的字：

该字在金文中用作族名，而且颇为多见：

殷墟新出 青铜器 41丨1	殷墟新出 青铜器 37丨1	殷墟新出 青铜器 36丨1	殷周金 文集成 13·07717丨1	殷周金文 集成 12·06753丨1

而且它们大多出土于安阳殷墟苗圃北地 M299。可以确定
其为殷王朝的一家贵族。那么，这一家族的族名为什么是一
个车轮？殷周时代氏族有"以职为氏"的通例。比如以"册"
为名者，就是以史官为职的家族。在殷周金文族徽中，"某
册"族徽之"册"则是"乍册"职官的简称。或亦可以说，
"凡是族徽文字与册或册册联缀出现，表明此氏族为作册世
家。"① 以此例之，以❀为名的家族，很可能是以车轮为职的
家族。我们还可以联系另一个相关族名"车"一起来讨论这
个问题。殷商金文有《买车卣》（集成 10·04874）《车买爵》
（集成 13·08251）。"买车"二字为族名：

关于这一族名，研究者探究了它的得名理由。《文物》
2008 年 11 期发表了一件发现于洛阳的西周早期卜骨，卜骨左
侧残辞为"贝用买车"。这一卜辞所记，正是"购买车辆"之
事，因此族名"买车"很可能是因该家族所从事的职业而得
名的。② 由此来看，以❀为名的家族，也极有可能是和当时

---

① 王长丰：《殷周金文族徽研究》，上海：上海古籍出版社，2015 年，第
172 页。
② 谢明文：《商代金文研究》，上海：中西书局，2022 年，第 211 页。

车轮制作或管理相关的家族。这表明轮子的制作在殷商时代，已是有专业分工的一种职业，关于车轮的专业技术在当时也应该是发达的。

另外，前文所举《买车卣》之 ，从字形看，该车似有四辄，可能反映了商周已出现两服两骖的制度，这与殷墟小屯宫殿区 M20、山东邹平东安西周中期遗址 1 号车马坑埋葬一车四马的现象正可互证。

轮子的专业化，当然是服务于车的制作的。然而，殷商"车"字构形却只取象于两轮者：甲骨文"车"字 36 见，殷商金文"车"字 58 见，没有一例写作独轮构形者，这是值得玩味的。我们知道，后来"车"的通用构形是只描绘一个车轮的，学界一般认为这是双轮之"车"字构形的一种省略，而并非总在描摹独轮之车。判断的依据是，这种构形最早见于文字构形发生简化趋向的西周时代，如周原甲骨文和西周金文：

（周原甲骨文）　　　　　　（西周金文）

那么，殷商"车"字构形的这种具有共性的形象描摹，究竟说明了什么？最合理的解释就是，在当时造字者的思维中，只有双轮的才叫车。"两"字可以为这一判断作证。

在古文字中，"两"字本来是可以指称"车"的数量的。西周金文《盂鼎》载有："孚（俘）车十两"；《睡虎地秦简·秦律七十二》载有："车牛一两","两"的这种古义，后来用加一个"车"旁的"辆"来表示。《诗经·鹊巢》有这样的诗句："维鹊有巢，维鸠居之。之子于归，百两御之。"其中"百两"就是"百车"的意思。"两"为什么能表示"车"呢？于省吾先生在《释两》一文做过这样的解释：

"两字的初文作⚟️，乃截取古文字车字（🚗）的部分构形而为之。象车辕前部衡上着以双轭。⚟️象轭及衡。从象双轭形。"①

很显然，"车辕前部衡上着以双轭"，就是为驾两匹马而设的，而需要用两马拉的车，一定不会是独轮车，因为独轮车只适合于手推。

"车"只是双轮车之名，这决定了"车"这种交通工具从一开始就对它所行驶的道路有特殊的要求。与独轮车相比，双轮车的优点是可以更多地载人载物，而缺点则是对道路的宽度和平整度有更高要求。值得注意的是，双轮车的象形字，无论用什么样的象形方法，都会凸显车的物质形态中的一个重要部位，那就是"轨"。所谓"轨"，即车的两轮之间的距离。殷商"车"的车字构形之所以强调了车的轮轴，即"轨"的部分，说明在造字者的观念里，作为车的轮轴部分的"轨"是最值得关注而不能省略的部分。"轨"的存在意义，则在于它可以直接衡量车能否被"道"所容纳。值得注意的是，甲骨文中还有一种"车"的构形从另外一个角度凸显了造字者

---

① 于省吾：《释两》，《古文字研究》，北京：中华书局，1983 年第 10 辑。

对轮轴的高度关注：

该字形与其他甲骨文"车"字不同的是，字形中明显描摹了车轴断裂的构形。有学者认为这正是甲骨文中"文字画"的残留，就是用图画的方式来表达一个语段：车轴断裂。该字见于如下刻辞：

　　"甲午王往逐兕，小臣由，马硪辔王车，子央亦颠。"
（甲骨文合集 10405）

　　卜辞大意为：甲午那天殷王去逐猎犀牛，一位叫"由"的小臣（官名）所驾车的轴断了（即），马失去平衡（即"马硪"）冲撞（即"辔"）了殷王的车，同乘的贵族子央也从车上颠了下来。卜辞虽然没有直接描述导致""的原因，然而，从"子央亦颠"的描述来看，应该是道路不符合行车的要求所致："颠"字甲骨文从倒"人"从"阜"，"阜"表示从高到低的运动，倒"人"表示人头朝下从车上掉落：

　　二、"车同轨"的由来
　　上述种种甲骨文关于"车"的字词现象，足以证明殷商时代人们对"车"的关注焦点就是后来叫作"轨"的那个部分。

说起"轨",人们会想到秦始皇统一中国后颁布的一个著名法令:"一法度衡石丈尺,车同轨,书同文字。"汉代学者编定的《中庸》曰:"今天下车同轨,书同文,行同伦。"[1]也就是说车子的轮距、文字和人的行为都要有统一的标准。

为什么"车同轨"能与统一度量衡及"书同文""行同伦"并列,成为一种立国大政呢?作为两轮之间距,既然受到特殊的法律限制,则表明车为古人最重要的交通工具。古代社会没有现在的电话、电视等通信设备,传递信息,传达政令都只有靠马车奔驰,"驰檄""驰函"等词语正反映了这种情形。据文献记载,早在夏代,中华先人已经有车了。很多古籍都记载夏代的奚仲发明了车,比如《左传·定公元年》:"薛之皇祖奚仲,居薛,以为夏车正",以及《山海经·海内经》:"奚仲生吉光,吉光是始以木为车"。由此可知,车早已在古人生活中发挥着重要作用。

然而,要让车在道路上畅行无阻,有一个条件不可或缺,即车辙的统一,如果"轨"的宽窄脱离道路的限制而任意为之,则难免发生交通阻塞瘫痪。这就是国家要用法律手段将全国车子的"轨"强行统一起来,而不管这种统一的代价有多大的原因所在。

从殷商"车"字来看,对于"轨"的关注,其实早已有之。由于"轨"与"道"具有相互制约的关系,相应的法规应当伴随着车的产生而出现,秦始皇只是用国家大法的形式

---

① 〔汉〕郑玄注《礼记注》,北京:中华书局,2021 年,第 693 页。

将其凸显出来了而已。

在秦始皇"车同轨"之前，"同轨"另有一个用法。在《左传·隐公元年》中记载："天子七月而葬，同轨毕至。"杜预注："言同轨，以别四夷之国。"① 可见"同轨"本指华夏诸侯之国。这个名称的来由，古书中也有明确的解说，比如《汉书·韦玄成传》："四方同轨，蛮貊贡职。"颜师古注："同轨，言车辙皆同，示法制齐也。"② 很显然，"车同轨"这种法规，在先秦时期已经成型，秦始皇只是抄了前人的作业而已。

本章以上所述，涉及内容较多，姑且小结如次。行走之礼法，基于"道"而发生。而"道"的观念，最初则有先于"道"的"行"字来表达。由"行"至"道"，这一观念背后的汉字演进由名动兼蓄，到专为名称，由客观物之名，到揉入人之行。这一演化脉络中隐含了行走礼法萌发的线索；"道"作为天下治理状况的表征，无疑会大大增强人们对其的关注度，进而提升"道"与"行"的行为价值评估，为使之臻于理想境界，礼法的保障当然也不可缺位；车的法规显于"同轨"，"同轨"之法，产生于人们对"轨"的关注，而此种关注，已见诸"车"字的初形，"两"作为"车"之异名亦传递出相同的信息；"同轨"既可言车之部件，又可言华夏

---

① ［清］阮元校刻《十三经注疏》，北京：中华书局，2009 年，第2889 页。

② ［汉］班固著，［唐］颜师古注《汉书》，北京：中华书局，1962 年，第 3117 页。

诸侯，这种多义联系，表明"同轨"之法规的成立早于秦始皇时代；邮路在古代社会，不仅是物流之路，更是一条法制之路，惹恼张飞、李广的"督邮"类故事频见，正彰显着此种法制曾经的强大存在感。

结 语

本书以汉字为基本观察对象，多角度探讨传统礼法文化，内容大致可以归纳如下。

"射礼"作为最仪式化的华夏礼仪，其实发轫于狩猎、战争等谋生活动中最基本的功利需求。在甲骨文的世界里，射猎对象的选择、射具的多样、射法的讲究等诸多方面都体现了射箭活动的这种追求。而甲骨卜辞中记述的射者的身份专职化与对射技修为的苛求则体现了礼法规矩的印记。西周金文中的"射"则已具备了充分的仪式化色彩：射的时空规定、射的仪式规范、以"射"考核人品德行等，充分解释了"射"字从"寸"得义的真实逻辑。在礼仪化演进的同时，射箭这件事在人们的思维观念中，又呈现出多维度的跨界泛化："矢"字符造字意图兼涉进达、迅疾、灾咎、师旅、言辞等多义。

"法"的观念是在"礼崩乐坏"的背景下与时俱进的，严格意义上的"法"见诸汉字，是以"旧瓶装新酒"或"理据重构"的方式来完成观念表达的，如"灋"字本非"法"，"廌"本无神性，"辠"转义为"罪"，"寸"由长度衍生为法度等，种种转换正可勾勒出"法"之理念的演进轨迹。

传统居住礼法往往通过建筑样式来体现，而其生成的底层因由乃是人之生存对建筑的依赖，这在"宀"造字意图的多义性，如安宁之所、富足依凭、珍宝之最、福祸所依、守护对象、生存空间、"宇""宙"时空等现象中得以体现；而"宫""堂"诸字中所呈现的林林总总的礼法细节正是由此而获得了历史渊源的依托；"门户"作为建筑限定的生存空间出入口，在居住礼法中成为最具象征意义者，自有其内在的衍生逻辑。

行走之礼法，基于"道"而发生。"道"的观念，最初则有先于"道"的"行"字来表达。由"行"至"道"，这一观念背后的汉字演进由名动兼蓄，到专为名称，由客观物之名，到揉入人之行，其演化脉络中隐含了行走礼法萌发的线索；"道"作为天下治理状况的表征，无疑会大大提升人们对它的关注度。而为使"道"臻于理想境界，礼法的保障当然也不可缺位；车的法规显于"同轨"，"同轨"之法，产生于人们对"轨"的关注，而此种关注，已见诸"车"字的初形，"两"作为"车"之异名亦传递出相同的信息；"同轨"既可言车之部件，又可言华夏诸侯，这种多义联系，表明"同轨"之法规的成立早于秦始皇时代；邮路在古代社会，不仅是物流之路，更是一条法治途径，因此每有惹恼张飞、李广的"督邮"故事流传。

中国古代礼法文化，并不缺乏传世文献的记载，因而以汉字为研究对象来对礼法文化进行探求，尤需注重挖掘汉字中蕴含的具有特殊认识价值的文化信息。这也正是本书的论说用力之处。

　　一般来说，传世文献记载是文化信息中最基本的传载材料，拿汉字同传世文献记载相比较，汉字对文化信息的传载至少有时代性、系统性、客观性等方面的优越性。

　　就时代性而言，汉字所蕴涵、传载的历史文化信息相较于文献记载的时代，更为久远。据研究，中国最古老的一批传世文献主要成书于春秋战国之际，而殷商的甲骨文已是一种相当成熟的文字，在甲骨文以前，汉字必然还有一个相当漫长的发展阶段。因此，汉字中所蕴涵、传载的文化信息就其年代而论，自然也会早于文献记载的时代。换言之，我们往往可以从汉字中窥见许多不见于传世文献记载的文化信息。利用好汉字的这种信息优势来展开古代礼法的讨论，正是本书所注重的。比如从甲骨文"射"字构形中的平头之箭矢，去发现殷商时代的"橡皮子弹"；从甲骨文"丁"字的造字意图分析，去阐释我们祖先对建筑封闭的嗜尚；从"灋"的本义探讨，去揭示"法"观念的形成过程等，都利用了汉字文化蕴含的此种信息优势。

　　就信息载体而言，字符集的系统性优势是无可置疑的。汉字是汉语的书面记录符号系统，它对应的是语言的词汇系统，而词汇系统对应的则是人们的观念系统，也就是说，字符集中呈的是人对世界的认识，即所谓世界观，它涉及人类文化的方方面面，无所不包。汉字文化蕴含的这一优势，当然也为本书之论述所倚重。如在论说人之生存对建筑的依赖时，我们以"宀"所构诸多汉字的造字意图兼具安宁之所、富足依凭、珍宝之最、福祸所依、守护对象、生存空间、宇宙时空等多种义蕴来加以证明；再如为了论说弓箭文化影响之广泛，我们以"矢"作为义符所表达的进达、迅疾、灾咎、师旅、言辞等多义性来对问题加以阐释。

汉字作为信息载体，又是非常客观的。汉字的造成和演变，实际上是社会主流群体共同行为的结果。虽然单个字的创制每每发轫于某一个体的灵感，但这种创意只有得到社会群体的认同才有可能进入类社会交际领域，而如有悖社会公众意识，则不免遭到文字体系的淘汰。因此，被汉字体系所接纳的每个汉字，都可视为社会群体创造的产物，所以更能反映一定时代社会群体的客观心理意识。本书关于传统礼法文化的讨论，也较为充分地利用了汉字蕴含的此种信息优势。比如，在"网"转义为"罪"的论证中，我们既梳理了"网"的意义演化，又考察了从"网"诸字"罢""罟""骂"（骂）的同轨迹转义；又如，在表述"寸"由"长度"转向"法度"的意义表达中，我们罗列了"寺""将""冠""守""封""辱"诸多从"寸"得义字来证明此种转义并非孤例，因而值得认同。

当然，汉字传载的文化信息，也有某些负面属性，比如这种信息往往比较模糊，也容易导致解读的分歧。消除这种负面影响的办法只能是力求文字释读的精准，并合理运用"二重证据"等科学论证方法。这自然也是本书论述所秉持的原则。当然究竟做得如何，还需要读者来评判，笔者也期待方家的指正。

参 考 文 献

安阳博物馆编：《安阳博物馆藏甲骨》，杭州：西泠印社出版社，2019 年。

白玉峥：《契文举例校读》，《中国文字》1969 年第 34 册。

陈梦家：《殷墟卜辞综述》，北京：中华书局，1988 年。

陈剑：《甲骨金文考释论集》，北京：线装书局，2007 年。

陈剑：《金文字词零释四则》，张光裕、黄德宽主编：《古文字学论稿》，合肥：安徽大学出版社，2008 年。

蔡哲茂：《甲骨缀合汇编（图版篇）》，新北：花木兰文化出版社，2011 年。

蔡哲茂：《甲骨缀合集》，台北：乐学书局，1999 年。

蔡哲茂：《甲骨缀合续集》，台北：文津出版社，2004 年。

陈年福：《殷墟甲骨文摹释全编》，北京：线装书局，2010 年。

曹锦炎、沈建华：《甲骨文校释总集》，上海：上海辞书出版社，2006 年。

陈婷珠：《殷商甲骨文字形系统再研究》，上海：上海人民出版社，2010 年。

党相魁：《甲骨文释丛（续）》，王宇信、宋镇豪、徐义华主编：《纪念王懿荣发现甲骨文 110 周年国际学术研讨会论文集》，北京：社会科学文献出版社，2009 年。

戴家祥：《哭字说》，《中山大学语言历史学研究所周刊》1930 年第 125 期。

董作宾：《董作宾先生全集》甲编第一册，台北：艺文印书馆，1977 年。

董作宾：《大龟四版考释》，《安阳发掘报告》1931 年第 3 期。

董作宾：《殷历谱》，台北："中央研究院"历史语言研究所，1992 年。

郭沫若：《殷契粹编》，北京：科学出版社，1965 年。

郭沫若：《卜辞通纂》，北京：科学出版社，1983 年。

郭沫若主编、胡厚宣总编辑、中国社会科学院历史研究所编辑组编纂：《甲骨文合集》（全十三册），北京：中华书局，1979—1983 年。

高明、涂白奎：《古文字类编（增订本）》，上海：上海古籍出版社，2008 年。

胡厚宣：《苏德美日所见甲骨集》，成都：四川辞书出版社，1988 年。

胡厚宣主编：《甲骨文合集释文》（全四册），北京：中国社会科学出版社，1999 年。

胡厚宣主编：《甲骨文合集材料来源表》（全三册），北京：中国社会科学出版社，1999 年。

何景成编撰：《甲骨文字诂林补编》（全二册），北京：中华书局，2017 年。

黄天树：《殷墟王卜辞的分类与断代》，北京：科学出版社，2007 年。

黄天树：《甲骨卜辞中关於商代城邑的史料》，《黄天树甲骨金文论集》，北京：学苑出版社，2014 年。

黄德宽主编：《古文字谱系疏证》（全四册），北京：商务印书馆，2007 年。

黄德宽：《古文字学》，上海：上海古籍出版社，2015 年。

河南省安阳市文化局编：《殷墟——奴隶社会的一个缩影》，北京：文物出版社，1976 年。

何琳仪：《战国古文字典——战国文字声系》，北京：中华书局，1998 年。

黄天树：《读〈甲骨文合集〉札记两则》，《出土文献综合研究集刊》2020 年第 1 期。

廖名春：《从荆门楚简论先秦儒家与〈周易〉的关系》，朱伯崑主编：《国际易学研究》，北京：华夏出版社，1998 年第 4 辑。

刘桓：《殷契新释》，河北：河北教育出版社，1989 年。

林澐：《小屯南地发掘与殷墟甲骨断代》，《古文字研究》1984 年第 9 辑。

林澐：《古文字学简论》，北京：中华书局，2012 年。

刘钊：《古文字构形学（修订本）》，福州：福建人民出版社，2011 年。

李学勤、彭裕商：《殷墟甲骨分期研究》，上海：上海古籍出版社，1996 年。

刘志基：《汉字文化综论》，南宁：广西教育出版社，1996 年。

刘志基等：《古文字考释提要总览》（全五册），上海：上海人民出版社，2008—2020 年。

刘志基：《简论甲骨文字频的两端集中现象》，《语言研究》2010 年第 4 期。

刘志基主编：《中国出土简帛文献引得综述（郭店楚简卷）》，上海：上海人民出版社，2012 年。

刘志基：《徽族同文器字体研究》，《中国文字研究》2017 年第 26 辑。

刘志基：《数据库古文字研究论稿》，上海：上海古籍出版社，2019 年。

刘志基：《甲骨文同辞同字镜像式异构研究》，《中国文字研究》2013 年第 17 辑。

刘志基：《殷商文字方向不定与同辞重见字镜像式异写》，《中国文字研究》2016 年第 23 辑。

刘志基：《楚简"文字避复"刍议》，《古文字研究》2012 年第 29 辑。

刘志基主编：《古文字构形类纂·金文卷》，上海：上海辞书出版社，2023 年。

李圃主编：《古文字诂林》（全十二册），上海：上海教育出版社，2000—2004 年。

鲁实先：《卜辞姓氏通释之一》，《东海学报》1959 年第 1 期。

罗振玉：《增订殷虚书契考释》，东方学会石印本影印，1927 年。

姜亮夫：《汉字结构的基本精神》，《浙江学刊》1963 年第 1 期。

彭裕商：《殷墟甲骨分期研究》，上海：上海古籍出版社，1996 年。

裘锡圭：《說玄衣朱襮裣——兼釋甲骨文虣字》，《文物》1976 年第 12 期。

裘锡圭：《"畀"字补释》，《裘锡圭学术文集》第 1 卷，上海：复旦大学出版社，2012 年。

裴锡圭:《文字学概要（修订本）》，北京：商务印书馆，2013 年。

上海师范大学古籍整理研究所编:《中国文化史词典》，杭州：浙江古籍出版社，1987 年。

沈建华:《卜辞中的建筑——公宫与馆》，《甲骨文与殷商史》2008 年新 1 辑。

宋镇豪、段志洪主编:《甲骨文献集成》，成都：四川大学出版社，2001 年。

宋镇豪:《从新出甲骨文金文考述晚商射礼》，《中国历史文物》2006 年第 1 期。

宋镇豪:《甲骨文中的梦与占梦》，《文物》，2006 年第 6 期。

唐兰:《西周铜器断代中的"康宫"问题》，《考古学报》1962 年第 1 期。

唐兰:《中国文字学》，上海：上海古籍出版社，1979 年。

唐兰:《古文字学导论》，济南：齐鲁书社，1981 年。

王国维著，黄爱梅校注:《王国维手定观堂集林》，杭州：浙江教育出版社，2014 年。

王子扬:《甲骨文字形类组差异现象研究》，上海：中西书局，2013 年。

王宇信:《甲骨学通论》，北京：中国社会科学出版社，1989 年。

吴振武:《燕国玺印中的"身"字》，《胡厚宣先生纪念文集》，北京：科学出版社，1998 年。

徐中舒:《殷人服象及象之南迁》，《中央研究院历史语言研究所集刊》1930 年第 1 期。

徐中舒:《甲骨文字典》，成都：四川辞书出版社，1989 年。

谢明文：《商周文字论集》，上海：上海古籍出版社，2017 年。

谢明文：《商代金文研究》，上海：中西书局，2022 年。

徐宝贵：《商周青铜器铭文避复研究》，《考古学报》2002 年第 3 期。

杨宽：《先秦史十讲》，上海：复旦大学出版社，2006 年。

严嘉岚：《先秦时期射礼研究综述》，《文化学刊》2020 年第 8 期。

于省吾：《甲骨文字释林》，北京：中华书局，1979 年。

于省吾主编：《甲骨文字诂林》，北京：中华书局，2018 年。

于省吾：《释两》，《古文字研究》1983 年第 10 辑。

赵诚：《甲骨文简明词典》，北京：中华书局，1999 年。

张玉金：《甲骨文虚词词典》，北京：中华书局，1994 年。

曾宪通、陈伟武主编：《出土战国文献字词集释》，北京：中华书局，2018 年。

钟柏生：《释"宕"》，《中国文字》1993 年新 17 期。

后记

以汉字为对象进行文化的阐释，我在 20 世纪九十年代曾对这一类型的研究做过一些尝试。自此以后因研究重点转移到古文字数字化研究，在此方向上已经多年没有涉足。这本小书的写作，算是重拾此事。然而，现在的做法与以往相比还是有差异的，最大的不同点，就是对第一手汉字材料本体的调查整理付出更多。对于汉字的文化阐释而言，这是一个基础，而这个基础工程的加强，也会让阐释的思辨得到更多材料证据的支撑。当然，是否真的是这样，还有待于读者来评判。

值得一说的是，基础工程的加强，有赖于这些年来笔者在古文字数字化建设方面的科研实践，换言之，本书的写作也得益于笔者所主持的科研项目的支持，兹将最近几年的主要支持项目罗列如下：

国家社科基金重大项目"基于公共数据库的古文字字符集标准研制"（21&ZD309）；

上海市教育委员会科研创新计划"冷门绝学"项目"全息型甲骨文智能图像识别系统与配套数据库建设"（2021 - 01 -

07－00－08－E00141）；

华东师范大学文化传承创新研究专项项目"面向外国人的汉字深度学习数据库建设"（2022ECNU—WHCCYJ－26）。

刘志基

2024 年 7 月